河北钢铁工业可持续发展研究

赵燕娜　朝霞　颜云云　著

气象出版社
China Meteorological Press

内 容 简 介

钢铁工业是一个集资金、资源、能源、技术于一体的基础产业，它与国民经济建设及人民的日常生产生活密切相关。中国是世界产钢第一大国，河北是我国的产钢大省，随着钢铁工业的不断发展，河北钢铁工业也暴露出一些问题，比如资源和能源短缺问题，工业污染物的排放问题，钢铁工业的竞争力问题等，这些因素都制约了河北钢铁工业的可持续发展。

本书在介绍世界和我国钢铁工业发展历程和规律的基础上，着重分析了河北钢铁工业可持续发展现状，并对其可持续发展竞争能力进行了评估分析，最后有针对性地提出了河北钢铁工业可持续发展策略。希望本书对河北钢铁工业乃至全国钢铁工业的可持续发展有所裨益。

图书在版编目(CIP)数据

河北钢铁工业可持续发展研究 / 赵燕娜，朝霞，颜云云著. —北京：气象出版社，2014.8

ISBN 978-7-5029-5982-1

Ⅰ. ①河… Ⅱ. ①赵…②朝…③颜… Ⅲ. ①钢铁工业－可持续性发展－研究－河北省 Ⅳ. ①F426.31

中国版本图书馆 CIP 数据核字(2014)第 182290 号

出版发行：气象出版社

地　　址：北京市海淀区中关村南大街 46 号　　邮政编码：100081

总 编 室：010-68407112　　发 行 部：010-68409198/6961

网　　址：http://www.cmp.cma.gov.cn　　E-mail：qxcbs@cma.gov.cn

责任编辑：郭健华　　终　　审：章澄昌

封面设计：易普锐创意　　责任技编：吴庭芳

印　　刷：北京京华虎彩印刷有限公司

开　　本：850 mm×1168 mm　1/32　　印　　张：8

字　　数：200 千字

版　　次：2014 年 8 月第一版　　印　　次：2014 年 8 月第一次印刷

定　　价：30.00 元

前 言

改革开放以来，随着我国社会经济的迅猛发展，我国钢铁工业也步入了快速发展时期。中国是世界产钢第一大国，而河北省又是我国的产钢大省，但河北省钢铁工业在发展过程中仍然存在着一些问题，诸如高附加值产品比重较低，能耗较高，污染较为严重等。如何使河北省钢铁工业在做大的同时继续做强，如何使钢铁工业与经济、环境实现和谐、可持续的共赢发展是我们面临的一个重要课题。

本书的内容共分六章，总体结构如下：第一章，绪论。主要介绍选题的背景意义及主要研究内容。第二章，钢铁工业发展综述。通过对世界钢铁工业发展现状，特别是中国钢铁工业的发展现状以及特点进行分析，找到中国与世界钢铁工业发展过程中的一致性和特殊性，并运用可持续发展理论去分析和指导钢铁工业发展的实践，为后续研究河北省钢铁工业的可持续发展奠定坚实的基础。第三章，世界钢铁工业发展规律。首先通过总结发达国家已经达到的峰值时期显现出来的规律，分析具原因；其次将世界钢铁消费量的峰值重点集中在以中国为代表的发展中国家的身上，集中讨论发展中国家在世界钢铁工业的发展中占据的地位和起到的作用，分析他们达到各自消费量峰值时对世界钢铁工业的影响，从而对研究河北省钢铁工业的发展规律提供有益的借鉴。第四章，河北钢铁工业可持续发展现状分析。该部分主要是站在河北省的角度从原材料、能源、人力资源等方面分析河北省钢铁工业可持续发展现状，以期找出在可持续发展中存在的问题，为后续的研究提供理论依据。第五章，河北钢铁工业可持续发展竞争力评价。该部分结合河北省钢铁工业可持续发展现状，制定出钢铁工业可持续发展竞争力评价指标体系并进行实证评价，进一步明确了河北省钢铁工业的竞争力可持续发展水平。第六章，河北钢铁工业可持续发展战略。本章结合可持续发展竞争力评价结果，有针对性地对河北省钢铁工业的可持续发展提出一些战略对策和建议。

本书是由石家庄经济学院赵燕娜、北京科技大学朝霞和北京市地铁运营有限公司颜云云在其相关研究成果的基础上，参阅了该领域专家学者的相关研究成果，最终整理完善形成的。

本书按照从宏观到微观、理论结合实际的方法展开研究，但受作者水平的限制，在研究过程中仍有不足之处，希望读者不吝赐教。

目 录

第三章 世界钢铁工业发展规律

第四章 河北钢铁工业可持续发展现状分析

第五章 河北钢铁工业可持续发展竞争力评价

第六章 河北钢铁工业可持续发展战略

参考文献

附 录

第一章

绪　论

第一节　选题背景及意义

现代钢铁工业诞生于19世纪中叶，而在20世纪，尤其是在20世纪50年代之后，进入全盛发展的时期。一个半世纪以来，钢铁工业一直是支持与推动工业、农业、交通、建筑、军工等各个行业进行产业革命和发展的最重要基础，成为衡量一个国家经济发展和国防实力水平的标志。钢铁工业在世界经济发达国家和地区，如美国、日本以及西欧各国的经济发展过程中，都扮演着举足轻重的角色。

中国钢铁工业自20世纪80年代初开始进入快速发展阶段，1996年钢产量突破1亿t，此后连续保持世界钢产量第一，国产钢材市场占有率为90%，钢材短缺成为历史。2007年中国粗钢产量48924万t，比2006年增长15.2%，占全球粗钢产量的27.90%，其中超过1000万t的钢铁企业共有10家。我国钢铁工业不仅在数量上快速增长，而且在品种质量、装备水平、技术经济、节能与环保等诸多方面都取得了很大的进步，形成了一大批具有较强竞争力的钢铁企业。我国钢铁工业不仅为我国国民经济的快速发展做出了重大贡献，也为世界经济的繁荣和世界钢铁工业的发展起到了积极的促进作用。

但是中国钢铁工业在发展过程中仍然存在着诸多的问题，我国是一个发展中的大国，人口众多、人均资源相对不足、经济基础比较薄弱、总体技术水平相对落后，当前高能耗、高污染的工业发展模式使我国可持续发展面临严峻的挑战，钢铁工业以环境的破坏和资源的过度消耗为代价的发展为我国实践可持续发展带来了极大的困难和弊端。钢铁工业是资金、资源、能源和技术密集型产业，与环境密切相关。我国钢铁工业每年能源消耗占全国的10%左右，其中电力消耗1400亿kW·h，占全国工业耗电的11%。平均吨钢耗新水约15 t，高出世界先进水平8～10 t。吨钢粉尘排放量约6 kg，是世界先进水平的10倍。每年粉尘排放量110万t，占工业粉尘排放总量的13%左右。吨钢综合能耗比世界先进水平高30%左右。我国进口铁矿石的产铁量达全国产铁量的50%以上。在今后较长时间内，我国自产铁矿石只能满足1亿t铁的需求。从资源、能源及环境等各方面的条件看，已不允许钢铁工业再通过大幅度消耗资源、污染环境这种简单的规模扩张方式来满足国民经济发展的需要，必须按新型工业化原则，走集约化可持续发展道路。

针对可持续发展问题，江泽民同志在《正确处理社会主义现代化建设中的若干重大关系》一文中指出："在现代化建设中，必须把实现可持续发展作为一个重大战略。要把控制人口、节约资源、保护环境放到重要位置，使人口增长与社会生产力的发展相适应，使经济建设与资源、环境相协调，实现良性循环……必须切实保护资源与环境，不仅要安排好当前的发展，还要为子孙后代着想，决不能吃祖宗饭，断子孙路，走浪费资源和先污染、后治理的路子。”中国可持续发展战略的总目标是“建立可持续发展的经济体系、社会体系和保持与其相适应的可持续利用的资源和环境基础”，以最终实现经济繁荣、社会进步和生态环境安全。

联合国制定的《21世纪议程》要求各国根据本国的情况，制定各自的可持续发展战略、计划和对策。1994年3月15日，我国国务院第16次常务会议讨论通过了《中国21世纪议程》。《中国21世纪议程》从中国的具体国情和人口、环境与发展的总体联系出发，提出了促进中国经济、社会、资源和环境相互协调的可持续发展战略目标：在保持经济快速增长的同时，依靠科技进步和提高劳动者素质，不断改善发展的质量；促进社会的全面发展与进步，建立可持续发展的社会基础；控制环境污染，改善生态环境，保护可持续利用的资源基础；逐步建立国家可持续发展的政策体系、法律体系，建立可持续发展的综合决策机制和协调管理机制。按照世界资源研究所的定义，可持续发展就是建立极少产生废料和污染物的工艺或技术系统。其核心有二：一是转变不可持续的高投入、高消耗的生产方式；二是转变浪费型的消费模式。

世界各国都已经逐渐认识到了可持续发展对国家健康发展的重要意义，各国的钢铁工业也都在积极主动地进行思想和实践上的创新，努力从多个方面探讨钢铁工业实现可持续发展的方式和途径。在这样的背景下积极探讨我国钢铁工业实施可持续发展的战略可行性问题显得尤为迫切。中国对可持续发展的理论与实践的理解有别于发达国家，有其独特的背景，不仅代表着发展中社会的普遍要求和利益，也体现了其作为一个特殊的发展中国家的特殊要求。这就需要我们积极学习发达国家发展钢铁工业的先进经验，并与中国特色的国情相结合，用以指导钢铁工业可持续发展的实践。

第二节 研究内容

一、研究思路

我们把从宏观到微观、从整体到局部这一研究思路贯穿全书的撰写过程中。本书以“河北钢铁工业可持续发展”为题，首要的着眼点为存在于国际大环境下的河北钢铁工业。即通过讨论世界发达国家钢铁工业发展的先进经验，包括钢铁消费量出现峰值时表现出来的相关规律，在资源利用、环境保护等方面的先进方法，技术工艺的革新和经济与钢铁工业协调发展等方面汲取营养，对河北钢铁工业的发展给予指导。将讨论的范围扩展到世界的重要目的是为了总结世界钢铁工业发展过程中的经验，找到一般性适用的规律，并将其与河北钢铁工业的特点有机结合，因地制宜，指导河北钢铁工业的发展实践。

具体来讲，首先，通过文献整理，收集、阅读和消化关于钢铁行业可持续发展的相关文献，通过对比国内外钢铁工业发展情况，了解制约钢铁工业可持续发展的一些因素。其次，通过开展调研，广泛收集珍贵的一手资料，为后续的研究奠定了数据基础。第三，在前期工作的基础上，对河北省钢铁工业的现状进行深入分析，主要是从一些瓶颈资源入手，与此同时建立了一套钢铁工业可持续竞争力评价的体系，对河北钢铁工业进行实证分析。最后，通过理论结合实践的分析，制定河北钢铁工业可持续发展策略。

二、研究方法

本书采用理论研究与实证研究相结合、定性分析与定量分析相结合的方法，以比较分析为主。理论研究是运用可持续发展的理论对世界钢铁工业的发展现状和未来趋势进行分析、解释和总结；实证研究主要为河北钢铁工业可持续发展竞争力评价，为后续比较分析奠定基础；定性分析主要用于对世界钢铁工业，特别是中国钢铁工业的发展规律进行总结和归纳，得出一般性适用的指导原则；定量分析主要用于世界特别是中国钢铁工业达到钢铁消费量峰值期的预测工作，具体拟采用回归分析法；比较分析法将在本书中得到广泛应用，旨在将发达国家之间、发展中国家之间、发达国家与发展中国家之间、全国与河北省之间的异同点进行对比，得出有利于推动河北钢铁工业可持续发展的建设性对策和建议。

三、研究内容

1. 可持续发展理论和世界钢铁工业发展现状研究

通过对可持续发展理论的发展历程和主要内容进行总结，掌握可持续发展理论的精髓。同时需要研究的还有世界钢铁工业发展现状，特别是中国的现状以及特点，找到中国与世界发展过程中的一致性和特殊性。将可持续发展与钢铁工业的具体发展现实相结合，用科学的理论去分析、解释和指导实践。

2. 预测世界钢铁工业达到峰值的消费量和时间，并加以对比分析，总结对河北乃至中国具有启示意义的经验

通过定量分析方法对世界钢铁工业达到峰值时的消费量和时间进行预测，分为发达国家和发展中国家两个部分讨论，首先通过总结发达国家已经达到的峰值时期显现出来的规律，分析原因；其次将世界钢铁消费量的峰值重点集中在以中国为代表的发展中国家身上，集中讨论发展中国家在世界钢铁工业的发展中占据的地位和起到的作用，分析他们达到各自消费量峰值时对世界钢铁工业的影响。

3. 河北钢铁工业可持续发展现状分析

主要从资源、能源、环保、技术等方面对河北省钢铁工业的可持续发展现状进行分析，以找出制约河北省钢铁工业可持续发展的主要因素，为后续研究奠定基础。

4. 河北钢铁工业可持续竞争力评价研究

主要从竞争力的角度探讨钢铁工业的可持续发展能力。构建一套钢铁工业可持续竞争力评价指标体系，并对河北钢铁工业进行实证评价，以期从评价结果中反映出河北钢铁工业可持续竞争力的水平。

5. 河北钢铁工业可持续发展策略

最后的落脚点在于河北钢铁工业的可持续发展，通过以上对于河北钢铁工业可持续发展现状以及对可持续发展竞争力的评价结论进行分析，有针对性地根据河北省的具体省情提出一些钢铁工业可持续发展的对策和建议，为相关部门制定政策提供一定的借鉴。

第二章

钢铁工业发展综述

第一节
可持续发展理论及循环经济理论综述

一、可持续发展的产生背景和含义

可持续发展思想产生于20世纪后期。从20世纪50年代开始，人类开始关注环境对人类健康与生命的影响。进入20世纪60年代，环境与发展问题在全球范围内引起了政府、民间组织、科研机构等社会各界的广泛关注。1962年美国生物学家雷切尔·卡逊的《寂寞的春天》，1972年罗马俱乐部出版的《增长的极限》，使人们意识到了现代工业文明发展进程对环境和生态系统的破坏及其严重后果。1983年，世界环境与发展委员会（WCED）成立，成为全球各地、南北双方、政府与企业以及民间团体之间的信息交流平台。经过大约三年对全球各政府首脑和社会公众对环境与发展问题的看法的研究，该委员会于1987年发表了《我们共同的未来》，在此报告中明确提出了可持续发展的思想，并首次阐释了可持续发展的定义，认为可持续发展是“既满足当代人的需要，又不对后代人满足其需要的能力构成危害的发展”。此定义既强调了发展的必要性又强调了发展的限制性，提出之后被公认为经典的定义。伴随着全球化趋势的不断加强，人们对环境和社会问题的责任感不断增强。1992年联合国环境与发展大会在巴西里约热内卢召开，会议制定的关于21世纪环境与发展的行动指南《21世纪议程》，使可持续发展从理论概念推向具体实践。此后国际社会陆续召开了相关主题的大会，贯彻可持续发展思想并发表了一些著名的文件，如《伊斯坦布尔人居宣言》、《京都议定书》等。2000年，联合国发表了以消除贫困为主题的《联合国千年宣言》。2002年，在约翰内斯堡召开的世界各国首脑会议则侧重于将可持续发展计划转为行动。

中国人口基数大、人均资源占有量低，经济增长迅速但粗放型的增长方式并未根本转变，自然情况复杂，环境问题突出。这些特点使中国面临着严峻的可持续发展问题。中国政府及时地意识到了这一问题，在1991年6月召开的发展中国家环境与发展部长级会议上通过了《北京宣言》。1994年，中国政府积极响应联合国1992年环境与发展大会的号召，率先出台了《中国21世纪议程——中国21世纪人口、环境与发展白皮书》。作为可持续发展战略指导性文件，白皮书提出了中国可持续发展建设的战略目标，要求各级人民政府、各部门结合自身的实际情况，通过各种途径、组织加以实施。2003年，为了全面推进可持续发展战略的实施，贯彻并落实联合国可持续发展世界首脑会议精神，中国政府根据新形势和可持续发展的新要求，制定了《中国21世纪初可持续发展行动纲要》并明确了21世纪初中国实施可持续发展战略的目标、基本原则、重点领域及保障措施。在可持续发展战略的实施方面，中国于

20 世纪 80 年代后期便开始在地区层面建立试点，积极探索可持续发展的实践模式。从设立城镇社会发展综合示范试点，到创办社会发展综合试验区，再到建立国家可持续发展实验区，这充分体现了中国全面推进可持续发展并积极培养可持续发展能力的战略思想。

二、可持续发展的主要内容

可持续发展理论是对传统发展理论的拓展，其研究范畴由传统单纯的经济发展理论扩大到包括环境和社会责任在内的大理论系统。它包括以下一些基本要点：首先，可持续发展鼓励经济增长，因为它体现国家实力和社会财富。但是，可持续发展不仅重视增长数量，更追求发展质量，要求转变传统的经济增长方式，发展循环经济，节约能源、减少废物，实现清洁生产和文明消费。其次，可持续发展要求以保护自然为基础，把资源的持续利用和环境保护作为发展进程的一个重要组成部分。经济发展不应当是凭借技术，采取耗竭资源、污染环境的方式来实现，而必须保护生态环境，使人类的发展保持在地球承载能力范围之内。最后，可持续发展要与社会进步相适应，促进社会的持续发展。可持续发展的内涵应包括改善人类生活质量，提高人类健康水平，并为人类创造一个良好的生活环境。因此，可持续发展不是一种单纯的经济增长过程，而是经济、生态、社会复合系统的持续、稳定、健康、协调发展，是一种全面的社会进步和社会变革过程。可持续发展既满足现代人的需求又不损害后代人满足需求的能力。换句话说，就是指经济、社会、资源和环境保护协调发展，它们是一个密不可分的系统，既要达到发展经济的目的，又要保护好人类赖以生存的大气、淡水、海洋、土地和森林等自然资源和环境，使子孙后代能够永续发展和安居乐业。

20世纪80年代初至1992年里约热内卢联合国环境与发展大会，这是可持续发展概念和理论探索的阶段，来自不同学科的学者，分别从自身学科的角度出发，提出了可持续发展的五个属性：一是自然属性，认为可持续发展是寻求一种最佳的生态系统以支持生态的完整性和人类愿望的实现，使人类的生存环境得以持续；二是社会属性，可持续发展就是改进人类的生活质量，同时不要超过支持发展的生态系统的负荷能力；三是经济属性，可持续发展就是在保持自然资源的质量的前提下，使经济发展的净效益增加到最大限度；四是科技属性，可持续发展就是转向更清洁、更有效的技术——尽可能接近"零排放"或"密闭式"工艺方法——尽可能减少能源和自然资源的消耗；五是伦理属性，可持续发展的核心是目前的决策不应当损害后代人维持和改善其生活标准的能力。综上所述，有关可持续发展的概念和内涵探索不仅阐述了可持续发展的目标，也勾勒了相应的实践路径，从而形成各自的理论和指导社会实践的思想体系。

在分析已有可持续发展理论和钢铁工业发展特性的基础上，我们认为影响钢铁工业可持续发展主要有四个因素：环境、资源、经济和技术。

首先，环境是影响钢铁工业可持续发展最重要的因素之一。20世纪中叶以来，世界人口的爆炸性增长和工业经济的迅猛发展，导致了一系列环境问题，例如：日益严重的水环境污染、大气污染和固体废弃物污染；生态系统的破坏及其所带来的土地荒漠化；酸雨蔓延；生物多样性减少；全球性的气候变暖、臭氧层的破坏，以及有毒化学品的泛滥和积累。这些问题无一不危及人类的健康和生存，也已经极大地损害和制约着经济的发展，甚至对地球的命运也造成了严重的威胁。钢铁工业排放的固体废弃物和气体产物的数量非常之大，与环境密切相关，按照各国的环境政策和规定组织生产是钢铁企业最基本的行业准入条件之一。从环境承载能力有限的角度考虑，当前环境对钢铁工业的发展主要起到限制的作用，是制约因素之一。

其次，资源也对钢铁工业发展具有重大的影响。不断加剧的资源短缺，如水资源、耕地资源、森林资源、矿产资源的锐减已经给人类社会的发展带来了诸多的困难，对钢铁工业的影响则更加巨大。能源和铁矿石等自然资源是钢铁生产的基础，对钢铁工业的发展起着重要的作用，近年来，钢铁工业资源供给不足的矛盾已经显现：铁矿石、焦炭等主要原材料价格不断上涨，交通运输全面紧张，资源支撑的瓶颈与钢铁工业发展规模不断扩张的矛盾日益突出。因此，如何合理利用资源、节约能源、降低成本、提高行业的整体竞争能力是目前面临的重大课题。资源的稀缺性以及全球出现的资源匮乏现状表明，对于当代的钢铁工业发展，资源主要起到的是阻碍的作用，也是制约因素之一。

再次，经济的发展也对钢铁工业的发展具有重要意义。钢铁工业本身就是一个国家或者地区经济发展不可分割的一部分，特别是当前，世界上越来越多的国家正在进入或已经进入了工业化阶段，钢铁作为传统工业中的支柱产业，对国民经济的贡献是非常巨大的，钢铁工业发展水平如何，历来是一个国家综合国力的重要标志，钢铁产量与人均钢消费量一直是衡量一个国家经济发展程度的重要指标。经济对钢铁工业的影响表现为双方面，健康、快速的经济发展体系对钢铁工业的发展具有绝对的积极意义，是作为支撑因素存在的；但是如果国家或者地区的经济陷入危机、出现问题，对钢铁工业的消极影响也是立竿见影的。结合现阶段世界经济的发展状况，经济主要作为支撑因素对钢铁工业起作用。

最后，技术也是钢铁工业发展过程中不可忽视的影响因素之一。在一定程度上，生产技术水平的高低决定着钢铁工业与环境和资源之间能否协调发展。一方面，技术革新是钢铁工业保护环境最有效的方式之一；另一方面，不断涌现的节能技术也有利于缓解钢铁工业资源匮乏的现状。所以技术革新是钢铁工业在新时期实现可持续发展的必经途径。从这个角度分析，技术是作为钢铁工业发展的支撑因素存在的。

综上所述，环境、资源、经济和技术是影响钢铁工业可持续发展的最重要的四个因素，它们从不同的角度、在不同的时期对钢铁工业产生着不同的影响。

三、循环经济的内涵

"循环经济"一词最早是美国经济学家鲍尔丁在20世纪60年代提出生态经济时谈到的。受到当时发射宇宙飞船的启示，他认为，宇宙飞船是一个孤立无援、与世隔绝的独立系统，靠不断消耗自身的资源存在，最终它将因资源耗尽而毁灭。唯一延长寿命的方法就是实现飞船内的资源循环，尽可能地减少废物的排出。由此联想到地球，虽然地球资源系统大得多，寿命也长得多，但是，也只有实现对地球内资源的反复循环利用，尽可能减少污染物的排放，地球才得以长存。鲍尔丁的"宇宙飞船理论"可以看作是循环经济的思想萌芽。

尽管这个理论在当时并没有引起人们更多的重视，但在后来的演进中被专家学者们不断发展完善而提升为"循环经济"这一崭新的可持续发展理念。

循环经济思想萌芽可以追溯到环境保护思潮兴起的时代。首先是在国外出现的，经历了近十多年的发展。在20世纪70年代，循环经济的思想只是一种理念，当时人们关心的主要是对污染物的无害化处理。20世纪80年代，人们认识到应用资源化的方式处理废弃物。20世纪90年代以后，特别是可持续发展战略成为世界潮流的近些年，环境保护、清洁生产、绿色消费和废弃物再生利用等才整合成为一套系统的以资源循环利用、避免废物产生为特征的循环经济发展战略。

据统计资料显示，目前，全世界钢产量的45%，铜产量的62%，铝产量的22%，铅产量的30%，纸制品产量的35%来自于再生资源的回收利用。同时，废旧物资的回收利用还可以节约大量的能源，使废弃物资源化、减量化、无害化。如1 t废纸可制成800 kg再生纸，分别节省碱300～450 kg，木材4 m^3，电512度，水250 t，使废弃物排泄总量减少75%。由此可见，循环经济对于节约资源、减少污染、实现可持续发展具有十分重要的意义。

由于各国的环境与国情有很大的差异，因此国内外学者对于“循环经济”也赋予了不同的内涵。

1. 国外对循环经济的认识

德国是世界上最早开展循环经济实践的发达国家，德国的循环经济由垃圾问题引起。20世纪70年代，由消费所带来的日益增多的垃圾（包括工业垃圾和生活垃圾）成为德国面临的最大国内环境问题。由于垃圾迅速增加，填埋场占地日益扩大，异地掩埋又使运输成本费用猛增，这一严重问题驱使人们重新思考对废弃物处理的方式，重新思考经济发展的模式。新的共识是必须走可持续发展的道路，资源必须节约利用，废弃物必须资源化，垃圾不能直接填埋而必须循环再利用，由此产生了循环经济。

日本是一个资源贫乏的国家。“二战”后，日本实施“追赶型”发展战略，使国民经济得以快速复苏和腾飞。但从1990年起，日本经历了持续十多年的经济低迷，饱受资源和环境压力。日本由消费引起的废弃物以及工业生产产生的废弃物数量日益增加，尽管采取了大量减排及处置措施，但由于土地有限，垃圾填埋场严重不足。进入新世纪，为避免工业化运动以来高消耗、高排放的“资源－产品－废弃物排放”的线性流程所组成的“开环式经济”，日本政府在2000年颁布了《循环型社会形成推进基本法》和若干专门法，目的是改变传统经济发展模式，建立“循环型社会”。所谓“循环型社会”是指通过抑制废弃物的产生、加强资源的循环利用及合理处置等措施，控制自然资源的消费，建立最大限度减少环境负荷的社会。

2. 国内对循环经济的认识

改革开放以来，随着我国经济的快速发展，也产生了很多问题，比如资源的短缺、环境的污染、废弃物的处理等。因此，在中国共产党第十六届中央委员会第五次全体会议通过的《关于制定国民经济和社会发展第十一个五年规划的建议》第六条“建设资源节约型、环境友好型社会”中，提出要大力发展循环经济。之所以把循环经济放到这样一个高度，是因为循环经济为我国的发展指出了一条新的路径，也是一条可持续发展的路径。

目前，我国的学术界也对循环经济从不同的角度展开了研究，比如有从发展阶段的角度，有从发展模式的角度，有从资源经济的角度，还有的从生态经济的角度来研究，并形成了一定的研究成果，现将具有代表性的观点综述如下。

刘庆山从资源再生的角度提出废弃物的资源化利用，其本质是自然资源的循环经济利用。

诸大建认为，循环经济是一种善待地球的经济发展模式。循环经济要求把经济活动组织成为“自然资源—产品和用品—再生资源”的反馈式流程，所有的原料和能源都能在这个不断进行的经济循环中得到最合理利用，从而把经济活动对自然环境的负面影响控制到尽可能小的程度。

曲格平认为，所谓循环经济，实际本质上是一种生态经济，它要求运用生态学规律而非机械论规律来指导人类社会的经济活动，其本质是一种生态保护型经济。循环经济倡导的是一种与环境和谐的经济发展模式。它要求把经济活动组织成一个“资源－产品－再生资源”的反馈式流程，其特征是低开采、高利用、低排放。

周宏春认为，循环经济的目标是使生产和消费过程中投入的资源能源和向环境排放废物最少、对环境的危害或破坏最小，并通过废旧物资和废弃物的再生循环利用来发展经济。

张思锋、周华认为，循环经济是针对传统的“资源－产品－废弃物”的监督流动的线性经济而言的，是以可循环资源为起点，以环境友好的方式利用资源的“资源－产品－再生资源(废弃物)－产品”的反馈式闭环流动的一种全新的经济发展模式。

曹凤中认为，循环经济本质上是一种生态经济，它要求用生态学规律而不是机械论规律来指导人类社会的经济活动，其特征是低开采、低排放、高利用，它是把清洁生产和废弃物循环再生利用融为一体的经济。

张凯认为，循环经济本质上是一种生态经济，是遵循生态学与经济学原理及其基本规律，按照减量化、再利用、再循环的原则，运用系统性方法，实现经济发展过程中物质和能量循环利用的一种新的经济形势。

李赶顺认为，循环经济倡导的是一种建立在物质不断循环利用基础上的经济发展模式，它要求把经济活动组织成一个“资源－产品一再生资源”的反馈式流程，所有的物质和能源要能在这个不断进行的经济循环中得到合理和持久的利用，以把经济活动对自然资源的影响降低到尽可能小的程度。由此，循环经济是一种与环境和谐的经济发展模式。

解振华认为，循环经济要从生产的源头和全过程中削减污染，把废弃物看作错位的资源，对最终废弃物实行无害化处理，试图从根本上解决经济增长与环境资源的矛盾。循环经济要呈现“资源一产品一再生资源”的模式，以最有效地利用资源和保护环境为基本特征。

吴季松认为，循环经济就是在人、自然和科学技术的大系统内，在资源投入、企业生产、产品消费及其废弃的全过程中，不断提高资源利用效率，把传统的、依赖资源净消耗线性增加的发展，转变为依靠生态型资源循环来发展的经济。在资源投入、企业生产、产品消费等过程中，不断提高资源利用率。

冯良认为，循环经济是指通过废弃物或废旧物资的循环再生利用发展经济，目标是使生产和消费中投入的自然资源最少，向环境中排放的废弃物最少，对环境的危害或破坏最小，即实现低投入、高效率、低排放的经济发展，其核心是废旧物资的回收和资源综合利用。

方莉华等认为，循环经济是对物质闭环流动型（closing materials cycle)经济的简称，是相对于传统的线形经济而言的。循环经济是以资源的反复利用为核心，其依据是可持续发展的理论体系。所以，资源循环利用是循环经济的核心内涵，其中心要义是围绕“循环”二字而展开的。

段宁认为，循环经济是以人类可持续发展为增长目的、以循环利用的资源和环境为物质基础，充分满足人类的物质财富需求，实现生产者、消费者和分解者高效协调的经济形态。

冯之浚认为，循环经济一词是物质闭环流动性经济和资源循环经济的简称，是以资源的高效利用和循环利用为目标，以“减量化、再利用、资源化”为原则，以物质闭路循环和能量梯次使用为特征，按照自然生态系统物质循环和能量流动方式运行的经济模式。他认为，循环经济是运用生态学规律来指导人类社会经济活动，按照自然生态物质循环方式进行的经济模式，以节约资源和循环利用为特征。

《中华人民共和国循环经济促进法》将循环经济定义为：在生产、流通和消费过程中进行的减量化、再利用、资源化活动的总称。

综合上述观点，循环经济是一种以“减量化、再利用、资源化”(3R)为原则，以资源闭环式循环为核心的经济的可持续发展的新模式。

四、循环经济的基本原则

循环经济遵循的基本原则为“3R”原则，即减量化原则(reduce)、再利用原则(reuse)和再循环原则(recycle)。最早是由美国福特公司实施的,后来由联合国环境署工业局局长J. 拉德瑞尔总结并推广。

(1)减量化原则(reduce)是循环经济的第一原则。减量化是指在生产、流通和消费等过程中通过优化经济布局、产业结构升级、清洁生产、绿色消费等措施,在经济活动的源头上最大限度地减少对原始资源的消耗,降低废物的产生。该原则将注意力放在源头的节约,而非末端的治理。比如针对目前常见的商品过度包装、一次性商品的大量使用等情况我们要大声说“不”,这样既可以节约资源又可以减少废物排放。

(2)再利用原则(reuse)是指将废物直接作为产品或者经修复、翻新、再制造后继续作为产品使用,或者将废物的全部或者部分作为其他产品的部件予以使用。该原则强调商品的多次和反复使用而不是一次性使用。同时再利用原则还要求制造商应该尽量延长产品的使用期,而不是非常快地更新换代。

(3)再循环原则(recycle)要求生产出来的物品在完成其使用功能后能重新变成可以利用的资源,而不是不可恢复的垃圾。按照循环经济的思想,再循环有两种情况,一种是原级再循环,即废品被循环用来产生同种类型的新产品,例如报纸再生报纸、易拉罐再生易拉罐等等;另一种是次级再循环,即将废物资源转化成其他产品的原料。原级再循环在减少原材料消耗上面达到的效率要比次级再循环高得多,是循环经济追求的理想境界。

按照他们的重要性,这三个原则的优先顺序见图2.1。

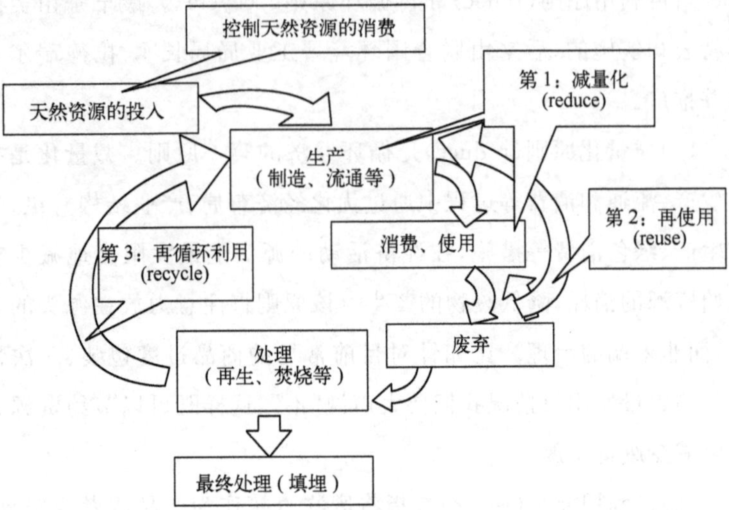

图 2.1 “3R”原则的优先顺序图

第二节　世界钢铁工业发展综述

一、世界钢铁工业在国民经济中的重要地位

钢铁材料是人类经济建设和日常生活中所使用的最重要的结构材料和产量最大的功能材料，是人类社会进步所依赖的重要物质基础。钢铁工业是为机械制造和金属加工、燃料动力、化学工业、建筑业、宇航和军工，以及交通运输业、农业等部门提供原材料和钢铁产品的重要基础工业。在世界上，不论是工业发达国家还是发展中国家，都非常重视发展钢铁工业，因为它是国家工业化的支柱。没有强大的钢铁工业，要实现工业化是困难的。因此在一个相当长的历史时期，钢铁工业发展程度如何，是衡量一个国家工业化水平高低的重要标志之一。

钢铁产业作为一个原材料的生产和加工部门，其与上下游产业联系紧密。钢铁产业既是耗费原料、能源和交通运输的大户，同时，它又是建筑、机器制造、汽车、机电等其他行业的基础产业。钢铁作为重要的原材料，产品品种多、生产批量大，有十分广阔的市场，广泛应用于建筑建材、机械制造、能源开发、交通运输、石油化工、轻工

纺织、医药卫生、家电通讯等国民经济、国防建设以及高新技术产业。钢铁产业本身作为一个重要的工业生产部门，生产中消耗大量的铁矿石、煤炭、电力、石油等原材料，生产过程中还需要机械制造、电子电气、运输(铁路、公路、海运)等部门的密切支持。

钢铁材料是诸多工业领域中的必选材料，既是许多领域不可替代的结构材料，也是产量最大、覆盖面极广的功能材料。钢铁工业长期以来是世界各国国民经济的基础工业，在国民经济中具有重要的地位，钢铁工业发展水平如何，历来是一个国家综合国力的重要标志，钢铁产量与人均钢消费量一直是一个国家经济发展程度的重要指标。美国、日本、西欧等经济发达国家无不经历了以钢铁为支柱产业的重要发展阶段。

二、世界钢铁工业的发展现状

钢铁工业历经一百多年的发展，如今已经成为整个世界经济的支柱和基础，在新的时期受到世界钢铁生产及消费重心变化的影响，世界钢铁产业格局发生了意义深远的演变。当今的现状主要表现在以下方面。

1. 市场需求旺盛，产量快速增长

近年来，世界经济进入了新一轮的高速发展时期，特别是2004年以来，世界经济的发展速度平均达到了5%左右，这是自20世纪60年代末和70年代初以来世界经济再一次高速发展。受此带动，

近年来世界对钢材的需求也在以每年高于5%的速度增长。然而，受世界经济发展趋缓的影响，世界粗钢产量的增长速度在经历了2006年下半年至2007年上半年的高速增长以后已经开始放慢。根据国际钢协的统计，2007年世界粗钢产量为13.43亿t，同比增长了7.5%，增幅比上年下降了2.5个百分点。

2. 市场价格上升，钢厂盈利增加

需求增长拉动了国际钢铁市场价格的不断上升，而钢铁产量的快速增长又带动了钢铁生产的原材料价格的上涨，反过来又支撑了钢材价格近年来远高于历史平均价格。据世界钢动态公司(WSD)的资料，2002年初，国际市场每吨热轧板材的FOB价格约为260美元/t，而到2007年8月，价格已上升到580美元/t，上涨了120%。企业盈利大幅增长，平均吨钢盈利已超过了100美元，成为国际上普遍公认的高盈利产业。原来的“钢铁垃圾股”一跃成为股市上“最具增长潜力”的股票。例如，阿塞洛米塔尔公司2007年第三季度的税前利润为48.8亿美元，比上年增长了12%，而销售收入增长了16%。德国最大的钢铁生产商蒂森—克虏伯公司2007财年净利润比上年大增29%，增至21.9亿欧元，这已是其利润连续第五年增长。该公司正进行一系列的大型投资，到2012年税前收入还将上涨50%。

3. 投资快速增长，产能不断扩大

随着钢铁企业盈利水平的不断提高，钢铁工业对金融投资的吸引力大大上升。此外，随着现金流量的好转，钢铁工业的再投入也在不断地增长。除了中国的钢铁产能在不断扩大之外，世界各地都又投入到了新一轮的钢铁扩张之中。2004年以来，北美、欧洲和独联体的主要产钢国家都在增加对钢铁产业的投入和实现现有产能的现代化改造，特别是俄罗斯和乌克兰，通过改造，其技术装备水平已经有了很大的提高。据阿塞洛米塔尔公司的资料，2006—2013年，全球钢铁生产商计划通过新建和改造现有钢铁厂，使全球年产能增加6亿t以上。其中2004—2010年全球将新增年产能4亿t，而其中有近3亿t将来自新建。尽管阿塞洛米塔尔公司呼吁全球钢铁企业控制产能的过快增长，但该公司已准备投资350亿美元扩张全球各地的钢厂产能，并主要集中在印度，计划斥资200亿美元在印度兴建两座1200万t的钢铁厂。不包含印度新建钢厂在内，该公司计划将其钢铁产能从2006年的1.1亿t增长至2012年的1.31亿t。350亿美元投资计划中的50亿美元将用来扩张铁矿石产能，确保原材料供应。在美国，除了当地几家公司表示要扩大产能之外，德国蒂森—克虏伯钢铁公司正在亚拉巴马州兴建一座占地1400公顷的钢铁厂。这座造价27亿美元的钢厂，是美国40年来兴建的最大钢铁厂，预定2010年启用，年产能450万t。日本三大钢铁巨头，新日铁、住友金属和神户制钢计划投入总计达2500亿日元(约合23亿美元)提高粗钢生产能力，预计日本粗钢产能在2012年底前将提高7%。除印度已经制定了雄心勃勃的钢铁工业发展规划之外，巴西钢铁协会也表示，到2012年巴西粗钢产能可能达到6600万t，比目前的3700万t增长78.3%。2007年钢铁基建投资总计 58 亿美元,2008 年为 65 亿美元,2009 年为 56 亿美元,2010 年为 46 亿美元,2010 年之后增至 64 亿美元。

4. 企业规模扩大,集中度提高

自欧洲三大公司通过兼并重组组成全球最大的钢铁集团阿塞洛米塔尔以来,全球钢铁企业间的并购愈演愈烈。先是米塔尔通过购并原东欧和北美钢铁企业在产能上超过了阿赛洛,后是完成了几乎不可能的两大巨人合并,从而使已徘徊多年的产业集中度得到进一步提升。这一巨人的组建使全球钢铁企业几乎在一夜之间感受到会被兼并的压力。自此,通过兼并重组和战略联盟等手段扩大企业产能和实力已成为现代钢铁企业经营管理所追寻的目标。然而,为了防止被兼并,许多钢铁企业,特别是日本和韩国的钢铁企业纷纷采取了相应的策略,比如企业间的相互参股。此外,日本钢铁企业还在专业产品领域加大了合作,比如新日铁、JFE 等四大钢铁企业联合投资,利用技术优势在全球主要地区建立高档汽车冷轧板厂。2006 年,该合资项目的高档冷轧板产量已达到 400 万 t(不包括新日铁与宝钢和 JFE 与广钢项目),占有 40%的国际市场,并计划到 2010 年将这一产能进一步扩大到 800 万 t,使市场占有率扩大到 70%。

5. 反倾销案下降,中国成为目标

世界贸易组织(WTO)称,2007 年前 6 个月反倾销案大幅下降。13 个 WTO 国家共报告 49 起反倾销案,而 2006 年上半年报告92起。中国公司仍是最常被怀疑出口产品价格低于国内销售价格的对象，有16桩新发起调查指向中国出口。但对中国公司的投诉数量较2006年同期下降约一半。中国台湾、欧盟国家和韩国是其次较为频繁地被调查的对象，共有4起调查。印度是发起调查最多的国家，共13起，其次为新西兰(6起)、韩国(5起)和巴西、中国和日本(各4起)。随着中国成为世界最大的钢材出口国，与我国钢材出口有关的贸易纠纷不断增加。目前，对钢铁工业影响较大的为欧洲钢铁联盟发起的对中国钢铁产品的反倾销。2007年10月29日，欧洲钢铁联盟向欧委会提起两起针对中国钢铁产品的反倾销申请。此次反倾销申请涉及的产品为热浸镀锌板和不锈钢冷轧薄板。据称，欧洲钢铁联盟近期还将对中国产盘条(线材)和中厚板提起反倾销调查申请。欧盟是我国钢材出口第一大目的地。2007年11月8日美国商务部网站公布已对进口中国焊管做出初步裁决，多数中国焊管生产商可能被征收13%～17%不等的反补贴关税。此外，加拿大、印尼、印度等国也对我国钢材出口提出或计划提出指控。

6. 铁矿需求增长，价格不断上升

2006年世界生铁产量为8.72亿t，比2000年增长了51%，这一增长速度比同期粗钢产量的增长速度高出了5个百分点。而这一时期世界生铁产量除中国外只增长了5%。由于我国生铁产量的大幅增长，导致对进口铁矿石的依赖程度不断增加。2000年我国对进口铁矿石的依赖度只有34.46%，而到2006年这一比例已上升到了50.89%(2004年最高时为52.68%)。由于对海运铁矿石的需求增加,特别是我国进口铁矿石的大量增加,已经使世界铁矿石的价格连续多年上涨,自2003年以来,世界铁矿石长期合同价已上涨近1.3倍,而现货市场价格上涨得更多。此外,尽管自2004年以来,世界海远费价格呈现逐渐下降的趋势,但2007年下半年以来世界海运费又大幅度上涨。海运费的上涨一方面加大了我国铁矿石的进口成本,另一方面也加大了我国钢材出口的成本。

7. 中国钢材净出口,改变贸易格局

长期以来,我国都是钢材净进口国,对吸纳世界过剩的钢材产能做出了贡献。而自2006年以来我国从钢材净进口国一跃成为世界最大的钢材出口国,当年实现钢材净出口2450万t,占当年世界钢材消费增量的42.39%。2007年我国钢材出口达到了6265万t,继续大幅度增加。尽管我国钢材出口受到了一些国家和地区的非议,但客观上讲,如果没有中国的出口,世界钢材市场将会面临较大的供求矛盾,钢材价格将会进一步上涨。今后随着世界钢铁原燃料价格的进一步增长,将会加剧世界钢铁生产格局的分化,那些具有丰富铁矿和能源资源的国家和地区,其钢铁工业将会逐步展现出其越来越大的低成本竞争优势,这些国家包括巴西、澳大利亚、俄罗斯、乌克兰和印度等。而这些国家将会成为未来世界钢铁贸易的主角。我国钢铁工业由于原燃料的对外依存度增加,传统的生产优势(资源和人力成本优势)将会逐渐降低，而且我国已确定不鼓励钢材出口的政策，今后我国的钢材出口将会呈现较快速度下降的趋势。

三、世界钢铁工业发展的特点

1. 钢铁产业逐渐成为高附加值产业

人类使用铁器和用铁矿石冶炼制作铁器已有数千年历史，经历了从用铁矿石冶炼出熟铁，进而发展为冶炼出液体生铁再将铁水冶炼成钢的漫长历史过程。钢加工成锻钢，进而进行简单的热处理，改善其性能，也经过了漫长的时间。在19世纪中叶以前，钢铁冶金属于工匠的技艺，其产品的获得，质量的优劣，生产的效率，产品的成本取决于自然条件，特别是取决于工匠师傅的技艺和组织能力。早期的钢铁产业属于劳动密集型产业，附加值较低。近代钢铁冶金始于19世纪中叶，至于钢铁冶金从技艺走向科学，并变成现代技术特别是发展为工程科学则主要是在20世纪，此时钢铁产业的附加值逐渐提高，到了21世纪，钢铁产业逐渐成为高附加值产业。

进入21世纪，世界各国人民更加追求生活的幸福和舒适，社会需求越来越精细化和多样化。为了满足用户的需求，世界钢铁企业积极主动地了解用户新的要求，与用户共同研究新品种的开发和应用，并在满足市场需求的同时不断提高技术能力，增加高附加值钢材的产量。钢铁企业除了继续增产具有更高强度和韧性的、更易于成形的、耐腐蚀性和耐磨性更强的钢材以外，还不断地研究与生产各种功能性钢材(具有特殊传声性、磁性、传导性或其他物理性能的钢材)和时兴钢材(具有引人注目的外形、色彩、光泽或纹理的钢材)。此外,钢铁企业还加速开发钢与其竞争材料相结合的高附加值复合材的生产工艺。1998 年以来,随着世界钢铁产业的复苏,世界钢铁产业通过研发并开始生产钢与陶瓷、钢与铝、钢与塑料等复合板材、型材和管材,在满足国际市场需求的同时,钢铁产业通过技术创新、产品升级等方式使得该产业逐渐成为高附加价值产业。

2. 钢铁工业从劳动和自然资源密集型向资本与技术密集型转变

钢铁产业是以现代技术为基础的技术、资源和劳动密集型产业,也是矿石、能源、水消耗量巨大的产业,并伴随着污染。钢铁企业和单个生产单元都是采用专用设备和大型设备,随着生产和经营规模的扩大而单位成本不断下降,基建成本与操作费用也在不断节省。从技术上的规模经济来看:一方面,促进专业化分工降低单位生产成本,企业通过规模的扩大,其外部边界扩大,从而促进分工深化,企业可在更大范围内实行专业化协作,在专业化操作过程中“经济效益”更为显著,从而降低单位生产成本;同时企业的资产专用性进一步加强,更有可能采用先进技术的专用设备和大型设备,从而使钢铁企业的生产效率不断提高。另一方面,提高资源综合利用效率,增加规模生产,降低单位生产成本。企业规模扩大,使资源运筹的外延从企业内部扩大到外部,从而可在企业范围内有效地组织和利用经营资源。

在中国,钢铁产业的技术进步极大提高了产品的市场竞争力,同时使得钢铁产业逐渐从原来的劳动密集型产业向资本与技术密集型产业转变。大规模的结构调整和技术改造,先进装备的引进,提升了中国钢铁工业的核心竞争力。中国宝钢集团已成为世界第五大钢铁公司,2005 年中国的连铸比已达到 97%。中国钢铁工业的产品、成本和技术经济指标已经处于世界同行业的中上游。

3. 世界钢铁工业的发展具有周期性

同其他产业一样,在全球范围内,世界钢铁产业也具有一定的周期性。但是,各地区周期性有所不同,钢铁产业的周期性受到地区经济、世界经济的影响,同时也受到一些特殊的政治经济事件与新技术的影响。一些突发事件如 20 世纪 70 年代的石油危机,80 年代的东欧剧变,90 年代末的东南亚金融危机都对世界经济,进而对世界钢铁产业的发展产生了重要影响。在世界性战争爆发、经济危机、石油危机出现的时候,钢铁产业会进入一个低谷,然后随着经济的发展,逐渐走出低谷,进入下一阶段的成长周期。总的来说,随着世界经济的发展,钢铁产业总体上处于一个上升的通道之中,但是与世界经济一样具有一定的周期性。对中国钢铁产业历史上的钢材生产波动分析发现,中国钢材生产波动由资本增量(固定资产投资)扩张与收缩的波动引起,并独立于世界经济波动周期与世界钢材生产波动周期。由于钢铁产业建设期长,固定资产投资影响的钢材产出波动有较长的滞后性,大约 5～6 年,根据这一分析,在 1992—1993 年,由于钢材市场需求旺盛,钢铁产业盈利水平提高,引发了当时钢铁产业固定资产投资的巨大投入，从1997年以来这一投入高峰陆续形成了新的生产能力，使目前钢铁产业生产能力增长较快，远远超过了钢材需求的增长。2003年以后，全球经济在美、日经济复苏的带动下开始回暖，钢铁工业进入新的一轮增长周期，全球开工率达95%以上。在持续旺盛的市场需求推动下，我国钢铁工业保持快速增长势头，中国成为世界上第一个年产量超过2亿t的国家；同时，钢铁原材料、半成品和产成品价格均出现大幅涨势，全国钢铁企业利润也实现了翻番。中国的钢铁工业正处在新的快速增长、产品结构升级、行业重组的关键阶段。

四、世界钢铁工业的发展趋势

1. 世界经济仍将保持高速增长

2004年到2006年，世界经济取得了自20世纪60年代末以来的最强劲增长。世界产出每年平均增长5.2%，有2/3的国家这三年的增长率超过4%，只有1/20的国家增长率低于1%。而在发展的稳定性方面甚至胜过20世纪60年代。尽管大多数国家的经济发展依然存在波动，但这种波动比以往40年下降了1/3。世界经济已进入多极化发展的格局，据国际货币基金组织(IMF)的统计，在过去一年里，中国、印度和俄罗斯的经济强劲增长，仅这三个国家就占全球增长的一半。多极化的格局将使未来世界的经济发展更具稳定性，从而可有效避免类似20世纪60年代和70年代强劲而稳定的经济增长戛然而止的现象出现。然而,世界经济的发展依然存在着一定的风险:首先,美国次级债危机并没有结束;其次,受美国次级债危机影响,世界房地产出现市场动荡;第三,美元贬值;第四,高油价及高原材料价格。鉴于世界经济存在的风险,国际货币基金组织普遍调低了2008年的增长预期,预测世界经济2008年的增长率将为4.8%,与2007年7月所做的预测相比下调了0.4个百分点。其中发达国家的增长率为2.2%,下调了0.6个百分点,对美国的下调最多,达到0.9个百分点,增长率只有1.9%。日本增长率为1.7%,下调了0.3个百分点。中国的增长率为10%,下调了0.5个百分点。

2. 世界钢材消费增长看好

尽管目前认为世界经济存在一定的风险,特别是美国经济的放缓会对世界经济产生不利影响,但世界经济依然会以相对较高的速度增长。因此,对于钢材的需求还会有相当的增长空间。国际钢铁协会2007年10月份所公布的对2008年的需求预测就显示出了这种乐观态度。2007年全球消费钢材11.976亿t左右,增长6.8%;2008年将达到12.786亿t,增幅同样为6.8%。与3月预计的需求增幅相比,国际钢铁协会将2007年预测提高了0.9个百分点,2008年预测上调0.7个百分点。国际钢铁协会认为,全球钢材消费增长主要来自巴西、俄罗斯、印度和中国,这四个国家2006年的需求量占世界的大约41%。预计四国2007年消费增幅将达到12.8%,2008年则为11.1%。其中,中国在这两年中的钢材表观消费量将分别增长11.4%和11.5%，占全球总量的35%；印度增幅分别为13.7%和11.8%，高出四国的平均消费增幅。2007年世界需求增量的77%，2008年的71%来自于金砖四国。

3. 世界钢材市场价格维持高位

受强劲需求和成本上升的支撑，国际市场价格依然会保持在高位，而且其波动幅度将逐渐变窄。随着国内原材料成本的上涨，以及强劲需求的拉动，国内外价格差将会进一步缩小。

4. 铁矿石供需基本平衡

近年来，世界生铁产量又进入了一个快速增长阶段，但这些增长主要来自于中国。2007年世界生铁总产量为9.43亿t，同比增长8.4%，其中中国产量占总产量的49.7%。除中国外的产量只增加了930万t，同比增长2%。据澳大利亚ABARE预计，2007年世界铁矿石产量为16.1亿t，同比增长8%。而2008年仍将再增长8%，达到17.5亿t，而产量的增长将主要来自于澳大利亚、巴西和中国。受铁矿石需求及价格高涨的驱动，澳大利亚及巴西近年来投入大量资金用于产能的扩张。随着产能的增加，2007年澳大利亚的铁矿石出口预计可达2.69亿t，同比增长9%。而2008年的出口量可达3.05亿t，同比增长13%。2006—2007年度，澳大利亚的铁矿石产量增加了2400万t，达到2.88亿t，而2007—2008年度还将增加2400万t，达到3.12亿t。2007年巴西的铁矿石出口预计增长15%，达到2.83亿t。而2008年预计还可再增加13%，达到

3.19 亿 t。印度政府在 2007 年 3 月开始对铁矿石出口征税（品位高于 63%的矿石征收 300 卢比/t，约合 7.3 美元/t，品位低于 63%的矿石征收 50 卢比/t，约合 1.2 美元/t），受此影响，以及国内钢铁工业的发展，2008 年印度的铁矿石出口可能会有所下降。ABARE 预计将会从 2007 年的 9100 万 t 下降到 8800 万 t。从国内产量来看，2008 年的生铁产量增幅会进一步下降，特别是淘汰落后将会使更多的生铁产能退出，而国际市场的铁矿石供应能力仍将呈现增长态势，特别是随着新建产能和扩建产能的投产，供需矛盾将会从供不应求向供求基本平衡转变。总体来讲，2008 年世界铁矿石供需呈现基本平衡状态。但铁矿石价格仍有上涨的压力，其主要原因是：市场需求仍然旺盛；铁矿石现货市场价格与长期合同价格差异加大；海运费大幅上涨；印度征收出口关税；美元贬值；铁矿石生产成本上涨；钢铁工业高收益。

五、各个国家钢铁工业发展与其 GDP 增长的相关关系

GDP 是衡量一个国家国力强盛、经济发展的重要指标，按照传统的统计习惯，各个国家的 GDP 统计大都从三个产业增长情况来看。钢铁工业属于工业产业，而钢铁工业作为其他诸如交通、房地产、汽车等行业的支撑行业，它的发展状况通常与 GDP 的增长状况呈现出正向相关的状态。

但是，不同的国家由于经济特点的不同，工业化进程的不同，钢铁工业的发展与该国家 GDP 的增长又呈现出相对不同的特点。

2003年3月24日中国钢铁协会代表团访问《世界钢动态》杂志社时，曾获得美国钢铁发展与经济增长的如下关系特点：

- 如果GDP增长率为2%，钢材需求通常没有什么变化；
- 如果当年经济平稳，不出现增长状况，钢材需求将下降3%；
- 如果当年经济增长率为7%，钢材需求可能就会上涨10%。

2003年5月8日韩国浦项公司的高层领导到北京时也谈到韩国钢铁的发展情况在20世纪70—80年代主要是供给主导型行业的增长，80年代以后是需求拉动型增长。由韩国的经验我们再次可以看出，经济高速发展期，钢材需求的情况与经济发展初期是不同的。

从各个国家钢铁需求的情况与该国GDP增长情况的关系来看，我们可以得出以下结论：在经济快速增长时期(GDP＞7%)，钢材消费增长可能超过10%；但是一旦经济增长减速(GDP下降)，钢材消费降低的幅度将更大。

从世界上发达国家钢铁工业的发展规律来看，这些发达国家都出现了钢材消费的峰值，即消费量的顶峰状态，这样的统计规律和状况对目前中国大好的钢铁发展形势更是非常重要的预警和提示，因为钢铁工业的前期投入较大，投资回收时间很长，所以人们会很自然而然地提到这样的问题，中国的钢材产量是接近峰值了还是距离峰值有一段时间，如果还有一段时间，这段时间将会多长，这些问题的答案关系着我国整个钢铁工业的发展方向和战略。

从统计数据来看，美国、日本、苏联钢材消费达到一亿多吨后开始下降，德国则在钢材消费量为5323万t时出现峰值，另外一些发达国家，如英国、法国、比利时钢材消费的峰值均在2700万～2800万t(1970—1974年)，瑞典甚至在597万t时就出现了钢材消费的峰值。

通过上述对各个国家钢材消费的探讨，我们可以看出：第一，不同的国家，钢材消费到达峰值时的钢材消费数量是不同且存在很大差异的；第二，以上我们探讨的发达国家钢材消费到达峰值的一个最重要的特点就是伴随着他们工业化进程的完成。

由此，对我国的钢材消费的峰值而言，我们也可以获得如下思考：第一，虽然我国的钢产量已经位列世界第一，但对于我国这样一个地域宽广、人口众多的国家而言，单纯的产量数值并不是唯一的峰值判定标准；第二，我国目前经济还在快速发展，工业化进程还远远没有完成，所以对于峰值到来的恐惧与担心也还为时过早；第三，我们不能单纯地只从其他国家峰值到达时钢材消费的数值来判定峰值的时间，而是应该从更加客观和公平的指标上进行判定，比如年人均GDP。

第三节　中国钢铁工业发展综述

一、中国钢铁工业的发展现状

1996 年以来，我国钢产量连续第 11 年居世界首位。特别是近几年的高速增长，使我国成为全球钢铁生产消费中心和世界第一钢铁出口大国。我国钢产量由 2001 年的 1.5 亿 t 增加到 2006 年的 4.2 亿 t，年均增长 5433 万 t，年均增长率 22.8%。2006 年我国钢产量占世界钢产量 34.7%，相当于第 2—7 名的日本、美国、俄罗斯、韩国、德国、印度 6 个产钢大国产量之和。我国是世界最大的钢铁消费市场，2006 年我国粗钢消费 3.86 亿 t，占世界消费量的 31%；2006 年我国出口钢材坯 5205 万 t，占钢产量的 13%；净出口粗钢 3427 万 t，占钢产量的 8.24%。我国钢材生产基本能够满足市场需求，2006 年钢材自给率 95.8%，部分高附加值产品依靠进口。我国钢材产量(含重复材)由 2001 年的 15702 万 t 增加到 2006 年的 47339 万 t，年均增长 6327 万 t，增长率 24.7%。2005 年净进口钢材 530 万 t，2006 年净出口钢材 2450 万 t。同时，我国钢材产品结构进一步优化，板材类高附加值产品增幅明显提高，普通建筑钢材等低附加值产品增幅下降。钢材生产板带比(含重复材)由 2001 年的 33%增加到 2006 年的 41.78%,增加 8.78 个百分点,平均每年增加 1.756 个百分点。特别是关键钢材品种自给率提高。2001—2006 年,冷轧板自给率由 62.2%增加到 83.8%,镀锌板由 39.3%增加到 83.7%,彩涂板由 25.8%增加到 93.6%,冷轧硅钢由 33.5%增加到 66.5%。2000 年以前,我国不锈钢消费主要依靠进口,随着以太钢和宝钢为代表建成的具有国际先进水平的生产线,以及具有国内先进水平民营企业的快速发展,国内不锈钢生产能力大幅度提高,使我国不锈钢的自给率由 2001 年的 26%提高到 2006 年的 61%。2006 年国内市场短缺的各种高附加值薄板(热轧薄板、冷轧薄板、镀锌板、镀锡板和彩涂板等)的产量达 6499 万 t,比上年增长 2427 万 t,增幅达到 59.6%,是增长率最高的品种。

随着先进成熟技术的推广应用,通过引进、消化、吸收,以及在设备大型化、高效化、自动化、国产化、长寿化,工艺与设备自主研发等方面取得的技术进步,我国钢铁工业工艺装备水平有了很大提高。宝钢、鞍钢、武钢、马钢、太钢等一大批企业的工艺装备水平已达到或接近世界先进水平。全国高炉利用系数、入炉焦比、高炉喷煤比、转炉炉衬平均寿命、连铸比、轧钢综合成材率等,已接近或超过世界先进指标。

中国经济的发展对世界钢铁业复苏和景气起到巨大的推动作用。中国经济的快速发展,拉动了中国钢材消费的持续增长,缓解了全球钢铁产能过剩,改变了世界钢铁市场和原料市场的供求关系,由过去的供大于求转为供不应求,钢铁市场由低迷转为兴旺,钢材价格由长期的低价位运行转为高价位运行。2001年至今,全球钢铁业重新恢复了活力,国际钢铁市场需求兴旺,钢铁企业利润丰厚,除中国外的其他国家和地区也改变了前几年基本停止新建钢铁项目的局面,将投资重新转向钢铁工业,使产能逐年增加。中国钢铁工业除了满足自身需求,还为全球经济发展做出了贡献。根据世界货币基金组织统计,全球经济增长率由2005年的4.9%增长到2006年的5.5%。2006年中国净出口3307万t钢材坯,缓解了全球钢材不足的矛盾,为全球经济发展做出了贡献。中国成为钢铁净出口国,是全球市场经济一体化、世界经济高速发展对中国产品需求的结果,符合WTO自由和公平贸易原则。我国还是最大的铁矿石进口国。国内铁矿石进口逐年增加,2003年进口数量超过日本,已连续4年居世界第一。2005年我国进口铁矿占全球铁矿石贸易量的比重为37.4%,2006年上升至45.2%。我国成为全球最大的铁矿石进口国,为国际铁矿业增添了发展动力,带来丰厚的利润。

二、中国钢铁工业发展中存在的主要问题

1. 钢铁生产增幅回落,供求关系基本平衡,但产业结构仍需调整

2006年,我国钢铁工业向着宏观调控的预期目标发展,取得了可喜变化,主要表现为钢铁生产增幅回落,国内市场供求关系实现基本平衡。在“十五”期间,我国粗钢生产年平均增长20%以上,2005年粗钢产量增长达24.6%,而2006年粗钢增长18.48%,比上

年同期增幅回落 6.12 个百分点。但是，2006 年国内在钢铁产业结构调整方面进展缓慢，仍然需要继续调整。一是我国钢铁企业联合重组与国际上跨国钢铁企业迅猛整合的势头相比进展迟缓，困难重重。二是民营的小型钢铁企业产量增长，比大中型企业快了近一倍，导致钢铁产业集中度不升反降。三是由于市场拉动、地方保护等方面的原因使得淘汰落后钢铁产能的进程放慢，总量控制不到位。四是钢铁产业布局的调整和优化过程仍然任重而道远。

2. 钢铁工业平均能耗仍然较高

中国钢铁协会统计数据表明，2005 年我国大中型钢铁企业吨钢综合能耗 741.05 kg 标煤/t，比 2000 年下降 188.95 kg 标煤/t，五年降低能耗 20.32%。吨钢耗用新水 8.03m^3/t，比 2000 年减少 17.21 m^3/t，五年降低水耗 68.19%。吨钢耗电由 2004 年的 459.31 kW・h 降到 452.24 kW・h，节电 1.51%。尽管我国钢铁企业平均能耗有所降低，但与国际先进水平相比还存在着较大的差距（见表 2.1），近 10 年来钢铁业能源消费量占全国总能源消费量的比例一直在 12%～15%，钢铁工业单位增加值能耗是全部工业平均值的 3 倍以上，我国钢铁工业节能降耗的潜力还很大。

表 2.1　我国钢铁企业能源消耗与国外先进水平的比较（2005 年数据）

	宝钢	鞍钢	武钢	邯钢	首钢	唐钢	济钢	国内平均	国外先进
吨钢耗新水（t）	3.76	8.15	12.7	6.09	5	4.78	4.19	8.03	2.4

续表

	宝钢	鞍钢	武钢	邯钢	首钢	唐钢	济钢	国内平均	国外先进
吨钢综合能耗(kgce/t)	675	761	778	738.5	750	710	681	741.05	622

3. 资源约束日益严重

首先，我国铁矿资源不足，对进口矿依赖程度加剧。随着我国钢铁产量的不断增加，对铁矿资源的需求也越来越大。我国的铁矿石虽然量大但品位较低，目前每年只能维持 2 亿 t 生铁产量的需要，难以满足加速增长的铁矿石需求。我国钢铁工业发展对进口矿石的依赖程度随之不断加大，进口依存度逐年上升，资源保障程度日益降低。

其次，我国煤、电、水资源不足。在焦煤和焦炭方面，尽管随着炼铁技术的进步，我国钢铁工业焦比进一步下降，但由于钢铁生产总量加速增长，对焦炭的需求持续超过国内焦炭产量增长速度，特别是肥煤和主焦煤还得通过进口来满足。在电力消耗方面，近年来钢铁工业用电增长速度基本上呈加速上升态势。2000—2004 年，钢铁工业的用电量由 1126 亿 kW·h 增加到 2198 亿 kW·h，增长了 95.2%。在电力缺口较大的华东地区，缺电使电炉炼钢 20%～30%的生产能力不得不处于闲置状态。我国水资源总量逐年下降，2000—2004 年水资源总量由 2.77 万亿 m^3 下降至 2.41 万亿 m^3，人均水资源占有量由 2193 m^3 下降到 1856 m^3。工业用水占全国总用水量的20%左右，其中钢铁工业是耗水大户之一，仅次于火力发电、纺织印染、造纸。此外，由于我国废污水排放量逐年增加，水污染不仅严重恶化了河流的水生态系统，而且也造成了可用水量的不断减少，进一步加剧了水资源的短缺。

4. 铁路运输和港口接卸能力不足

作为资源消耗密集的原材料工业，钢铁工业在发展过程中对交通运输的配套需求大。一般而言，钢铁企业每生产1 t钢就需要5 t的运力相配套。而在目前的技术经济条件下，钢铁工业的大宗运输主要依靠铁路和港口。以铁矿石为例，国内铁矿石运输主要依托港口后方铁路，运抵各个钢铁企业，铁路运送的铁矿石占铁矿石总量的80%以上，只有不到20%的铁矿是依靠公路和水路运输的。但近年来我国铁路运力年均增速不到10%，铁路货车增长量仅2%左右，而钢铁工业增长幅度连续多年超过20%，铁路运输与高速发展的钢铁工业矛盾越来越突出，2004年装车满足率只有50%左右。铁路运力不足，使得近年来铁矿石进口后滞港、压港的现象日趋严重。据统计，2004年青岛港、北仑港、湛江港、秦皇岛港、烟台港等主要铁矿石接卸港压港的铁矿石都超过了200万t，压港时间平均10～20天。

5. 环境压力越来越大

作为工业污染大户之一，钢铁企业面临着越来越大的环境压力。根据国家统计局统计，钢铁工业主要污染物排放占全国比例如下：

(1)废气。2005年全国工业按行业统计废气排放量为268052亿标 m^3，其中钢铁工业为57134亿标 m^3，占全国比重为21.31%。

(2) SO_2。2005年全国 SO_2 总排放量2549万t，去掉生活部分，全国工业按行业统计总量为1980.5万t，其中钢铁工业146.5万t，占工业排放总量的7.4%。

(3)烟尘。2005年全国烟尘排放量为1183万t，去掉生活部分，全国工业按行业统计工业烟尘排放量为854.9万t，其中钢铁工业71万t，占工业排放总量的8.3%。

(4)粉尘。2005年全国工业按行业统计粉尘排放量为828.1万t，其中钢铁工业129.6万t，占工业总排量的15.65%。

(5)废水。2005年工业废水排放243亿t，其中钢铁工业18.4173亿t，占工业废水总排放量的8.53%。COD吨钢排放量228克。

近年来，我国大中型钢铁企业的环境污染已局部得到控制，部分企业有所改善，但由于我国钢产量增速很快，特别是小型落后的钢铁企业环境污染仍在恶化，污染物总排放量仍然呈上升趋势，使得我国钢铁工业环境保护的任务仍很艰巨，环境问题已成为钢铁工业必须解决的一个重要问题。

第四节　钢铁工业的可持续发展

一、钢铁工业可持续发展的必要性

可持续发展是人类对传统发展模式的反思，是人类发展观的重大进步。随着工业革命的推进，传统的发展模式突显出两大问题：一是工业生产规模的扩大是以资源和能源的大量消耗为代价的；二是工业经济增长的加速是以破坏环境为代价的。结合钢铁工业实际来看，国际钢铁工业协会在《2004 年世界钢铁业报告》中指出："可持续发展旨在改善当代和后世每个人的生活质量。对于全球钢铁而言，它意味着在做出任何决策时，都要重视环境、社会和经济各方面的相互依存性。"国际钢铁工业协会致力的愿景是："钢铁被视为可持续发展世界的主要基石之一。要实现这一点，需要钢铁业财务状况良好，在环境、社会和经济的可持续发展方面处于领导地位，并且不断追求完善。"

钢铁工业是生产规模巨大、资金集中的制造工业，也是能源消耗很高的工业，排放的固体废弃物和气体产物的数量也非常之大。虽然一小部分尾矿砂和一部分炉渣、尘泥已经能够回收利用，但其再循环利用技术仍然需要继续深入研究。如果钢铁工业用于环保的投资不足或对环保措施管理不善，钢铁企业将成为非常严重的污染源。从环境情况看，我国钢铁企业污染物排放合格率为 91.4%，比国外先进水平低 8 个百分点；厂区降尘量为 39.8 t/(km^2·月)，比国外先进水平高 25 t/(km^2·月)；吨钢外排废水量为 7.5 t，吨钢 SO_2 排放量为 3.2 kg，都比国外先进水平高。从二氧化碳产生的行业看，大约 50%的二氧化碳排放量来自于工业生产，钢铁业仅次于火力发电行业。

二、发达国家钢铁工业可持续发展研究

美国是世界上较早关注可持续发展的国家之一，早在 1993 年，克林顿总统宣布成立了“总统可持续发展理事会”。克林顿声称这一组织的目的是调动全民族的积极性，采取全方位的可持续发展行动策略，在不损害未来的前提下，尽最大可能满足当代人的需求，即美国的可持续发展战略。时任副总统戈尔称美国的可持续发展战略是“一个强大的新概念正在扎根美国”。现在各级政府、社区、企业、非政府机构、个人都在按可持续发展战略进行有效的合作。可以说可持续发展的概念已经深入美国人脑海，节约资源、控制污染已成为美国人现代的时尚，当今的美国正按可持续发展战略有序地推进。美国的钢铁工业主要是从节能环保等方式出发实施可持续发展战略，其目前吨钢平均能耗为 18.1MBtu/t(21GJ/t)，2010 年将降低到 15.0MBtu/t(17.4GJ/t)。其能耗的降低主要是钢铁工业

结构变化和工艺技术改进的结果，节能降耗的主要措施有：淘汰效率低的老旧设备，使用喷煤技术减少焦炭用量，使得大多数钢厂关闭其炼焦炉，转而进口焦炭，以减少能源消耗；对高炉进行技术改进，增加顶压发电，提高了炉顶气体利用率，利用煤炭燃烧，配合使用预热废铁的电炉熔炼，为电炉提供热铁水；采取热装热送、直接熔炼、薄板带坯连铸连轧等，尽量减少工序转换过程中的能源消耗；尽力收集废气的化学能；在各个加工过程中使用传感器，改进生产效率。这些措施扩大了产量，降低了生产成本，从而保证了美国钢铁工业在世界上的竞争优势。

德国在 21 世纪初就已经将可持续发展作为国家工业发展的重要内容加以重视。德国政府监控各个工业部门的可持续发展状态，德国钢铁界在 2000 年秋向德国科技部提出了钢铁工业可持续发展方案，并于 2001 年初向总理府做了介绍。德国钢铁工业的可持续发展主要包括下列内容：

(1)开发新钢种，生产满足用户要求的新性能材料。

(2)开发新的制造设备，提高劳动生产率和成材率及连续化、自动化水平。

(3)开发新工艺，简化或缩短生产流程。

(4)回收利用副产品，如炉渣、泥浆、粉尘。

(5)保护环境，保护空气、水和土壤。

(6)节能，控制 CO_2 排放量。

(7)废钢循环使用。

日本的钢铁工业也一直在为可持续发展寻找优良环境。日本是个能源极度匮乏的国家，这就迫使它在节能上下大工夫，不但从全连铸、热装热送及直接轧制等大的方面想办法，而且对一点一滴的节能小窍门也不放过。同时，对环境的保护也是日本钢铁工业发展中的一项重要内容。1996 年日本钢铁联合会(JISF)推出了一项解决环境问题的义务行动计划。计划优先针对两个主要问题，即防止全球变暖和建立循环利用型社会。行动计划提出了具体目标，假设钢铁产量维持在每年 1 亿 t 水平，到 2010 年钢铁生产所用能量要比 1990 年减少 10%。附加计划(废塑料利用)的实施将使能量比 1990 年减少 11.5%，增加节能 1.5%。经钢铁工业自身努力，2001 年 CO_2 排放比 1990 年下降了 9.2%。另外，高性能钢的使用和副产品的利用在 2000 年使 CO_2 排放减少了 6.1%。对行动计划的另一目标——循环利用型社会，到 2010 年可成功实现减少钢铁废物，增加铁皮罐的回收利用。

三、中国钢铁工业可持续发展的研究

党的十六大指出，新型工业化就是必须“走出一条科技含量高，经济效益好，资源消耗低，环境污染少，人力资源优势得到充分发挥”的全面协调可持续发展道路。对我国钢铁工业来说，还应加上“产业结构和布局合理”，就是中国钢铁工业的发展必须走出一条产业结构和布局合理，科技含量高，经济效益好，资源消耗低，环境污染少，人力资源优势得到充分发挥的全面协调可持续发展道路。

面对全球范围内资源和能源紧张、生态环境恶劣的现状，中国的钢铁工业作为能源与资源消耗大户，能否按照科学发展观的要求，实施可持续发展战略、走新型工业化道路，已是关系到钢铁工业能否持续、健康、稳定、快速发展的一个重大问题。此外，中国钢铁工业在发展过程中还具有一些特点，更增添了实施可持续发展战略的紧迫性，主要表现在以下方面：

首先，能源与资源紧张和由此带来的原燃料价格上涨，使钢铁工业必须重视发展循环经济、建立节约型企业。随着国民经济快速发展，能源与资源“瓶颈”日渐突出，原(燃)料价格涨势迅猛。特别是自2003年以来，我国煤、电、油、运全面吃紧的局面制约了钢铁工业的发展。2004年，我国进口铁矿石高达2.08亿t以上。钢铁工业对焦炭的消耗量非常大，炼焦配煤所需要的主焦煤和肥煤缺口到2005年将在3500万t左右，到2010年将达到5500万t左右。对于耗水大户的钢铁工业来说，2005年将增加10亿m^3的新水补充量，2010年还要增加10亿m^3。钢铁工业也是耗电大户，目前全国6大电网除东北电网外，其他电网均缺电，其中华北电网装机容量缺口在700万kW以上。钢铁工业2003年用电比2002年增长25.82%，电力短缺和电价上涨对钢铁工业的影响首当其冲。面对这种种局势，钢铁工业要想创造较好的经济效益，就必须不断开展技术指标攻关、挖掘生产线技术投入产出潜能等措施增效，以赢得最大的效益空间。

其次，钢铁工业承担了重要的能源与资源转换与循环利用的责任，这也要求钢铁工业必须重视发展循环经济。钢铁工业在生产过程中产生的富余煤气、蒸汽、废渣、废水。如果利用得当，会产生较好的经济效益、社会效益与环保效益。对富余煤气、蒸汽进行回收和二次转换与利用，不仅可用于民用生活，而且还可用于发电；焦炉生产用的干熄焦方法既可将生产中产生的热能用于循环发电，又可使湿法熄焦产生的污染环境的“蘑菇云”消失；废钢渣进行破碎、磁选、球麟再磁选，可选出含铁料再返回到工艺生产中；剩余的尾溉及尾粉是筑路、生产空心砖和步道砖非常好的原料：高炉布袋灰、转炉烟道除尘和转炉泥等经过再利用都可以产生极其可观的经济效益。

最后，国家宏观调控政策及行业相关政策要求钢铁工业必须大力发展循环经济。那些消耗大、产能低、装备水平不高、污染严重的行业已被国家列为限期改造、关停的对象。这从客观上要求钢铁工业必须加快淘汰落后的步伐，走科技含量高、经济效益好、资源消耗少、环境污染轻、人力资源优势得到充分发挥的新型工业化道路。钢铁工业必须紧跟世界钢铁工业发展的步伐，用装备大型化、结构优化、成本最低化、效益最大化来提升自身的核心竞争力，以取得良好的经济、社会与环保效益。

本章小结

本章通过对可持续发展和循环经济理论的发展历程及主要内容进行总结，得出其理论精髓。另外，通过对世界钢铁工业及中国钢铁工业发展现状进行分析，找到了中国钢铁工业与世界钢铁工业发展过程中的一致性和特殊性，并将可持续发展与钢铁工业的具体发展现实相结合，用科学的理论去分析、解释和指导钢铁工业发展实践。

第 三 章

世界钢铁工业发展规律

第一节
发达国家钢铁工业消费量发展规律

研究世界钢铁工业的发展历史，发达国家已经走过的发展轨迹能够给予我们很好的启示。率先完成工业化的这些老牌工业强国，在本国的钢铁工业发展过程中呈现出一定的规律性，并表现为一系列的特征。系统地比较这些特征，深入分析规律，是我们总结先进经验、指导实践的重要途径。钢铁工业的发展中有一个非常重要的指标，就是钢的消费量，这一指标能够有效地表达出一个国家或者地区对钢铁产品的需求程度。随着全球经济一体化进程的加快，国际贸易变得越来越频繁，越来越方便，也越来越重要。贸易手段不仅成为各国调整产品结构以满足本国需要的良方，更重要的是使得部分国家或地区能够站在全球供需的角度，进行国际化的布局和发展，此时消费量比产量更好地反映着一国或地区的真实需求以及钢铁工业发展的阶段和程度。本文将钢消费量作为最重要的研究对象，对发达国家规律性的经验也是从消费量到达峰值期附近呈现出的特征的角度进行讨论。

美国、日本、英国、德国和法国等发达国家都是世界钢铁强国，代表着不同时期世界钢铁工业发展的最高水平。表 3.1 对比了美、日、英、德、法五国在各自的钢产量峰值年份和中国在2007年的部分发展指标。正如前文所说，钢产量只能在一定程度上反映国家钢铁工业的发展状况和社会对钢铁的需求，因为生产出来的钢铁产品去向不同的国家存在很大的差异，因此，必须结合钢铁需求量进行考查。美、日等五个发达国家和中国的钢消费量见图3.1所示。需要说明的是，由于缺少数据，我们用1979年前中国的钢产量代替钢消费量，考虑到这一时期中国钢铁国际贸易量占消费量的比例较小，所以这种替代还是可行的。

表3.1　发达国家峰值期与中国现阶段各项指标对照表

	美国	日本	英国	德国	法国	中国(2007)
钢产量峰值年份	1973	1973	1970	1974	1974	——
钢产量(万 t)	13650	11932	2832	5323	2702	48989.9
钢消费量(万 t)	14959.5	8718.1	2452	3507	2493.7	38432
人均钢消费量(kg)	711	802	440	565	475	291
GDP(亿美元)	13500	4140.46	1224	3801	2715.21	32801
人均GDP(美元)	6166	3752	2209	6427	5230	2485
GDP增长率(%)	5.9	8.03	2.36	0.19	3.11	11.4
第二产业比重(%)	34.26	44.75	44	43.57	37.57	48.6
人口(百万人)	211.909	108.079	54.11	60.01	52.46	1321.29
城市化率(%)	73.6	74.05	88.5	89.8	73.2	44.94

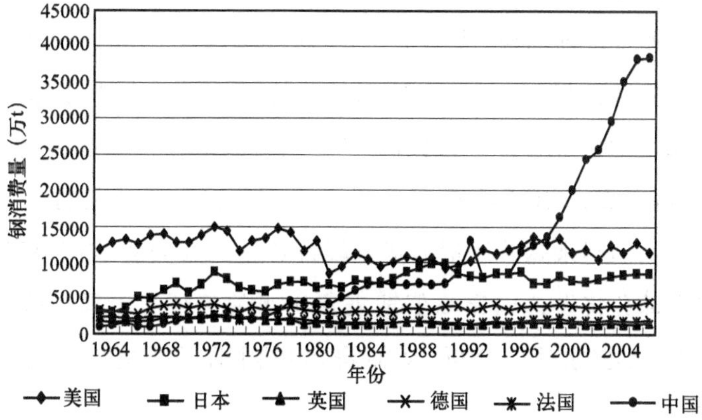

图 3.1 部分发达国家和中国 1964—2006 年钢消费量趋势

五个发达国家在 20 世纪 70 年代的钢消费量变化趋势呈现出一个较为一致的规律——均在 20 世纪 70 年代早期经历了一个波峰阶段,分别到达了最大值或者阶段极大值。美、英两国的钢消费量与钢产量均在同一年(1973 年)达到峰值,法国在 1973 年达到钢消费量峰值,比钢产量峰值提前一年,相对这三个国家两峰值时间相差无几的情况而言,日本和德国则出现了较大的波动,日本在 1973 年出现了阶段性的极大值,又在 1991 年出现历史最大值。德国曾在 1970 年出现了阶段性的极大值,在 20 世纪 90 年代又出现了新高,经历了一段较长时间的波动以后,自 2002 以来基本呈现持续上升的趋势,并于 2007 年实现 4605.9 万 t 的历史最大值。日本和德国显现出的和其他发达国家不一致的特性,本节暂不讨论。

中国的钢消费量自1964年以来持续增长，20世纪80—90年代增长速率逐渐加快，从1999年起，中国的钢消费量超过所有发达国家稳居世界第一位，之后以年平均10%以上的增长速度继续上扬，至2006年，中国钢消费量的绝对数值已经远远超过发达国家，占世界总消费量的30%以上。中国钢铁工业的持续快速发展使我们越来越关注钢消费量峰值这一重要问题，本节将从以下四个部分将发达国家峰值期表现出来的特征与中国现阶段的发展状况进行对比分析，从而得出中国钢消费量峰值的有关结论。

一、国内生产总值与钢消费量增长之间的关系

我们将研究重点放在钢消费量、GDP、GDP增长率三者之间的关系上面，综合分析了发达国家1964—1983年的历史数据，为了使指标具有可比性，并且通过图表表达时峰谷之间的落差更为明显，将钢消费量和GDP进行了数据转换，得到标准化平均变化率进行比较，而GDP增长率则是没有经过处理的实际数据，如图3.2、图3.3、图3.4所示。

通过分析历史数据和图表的对比，我们发现三个指标之间存在以下的规律性。

(1)发达国家到达钢消费量峰值以前，钢消费量与GDP及GDP的增长率在变化方向上比较一致，当GDP表现出明显的上升或下降的趋势时，钢消费量呈现出同方向的变化趋势，此时GDP对

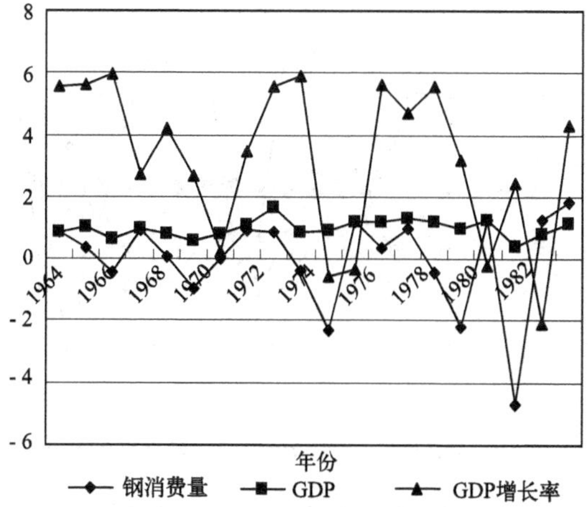

图 3.2　美国 1964—1983 年钢消费量与 GDP 变化图

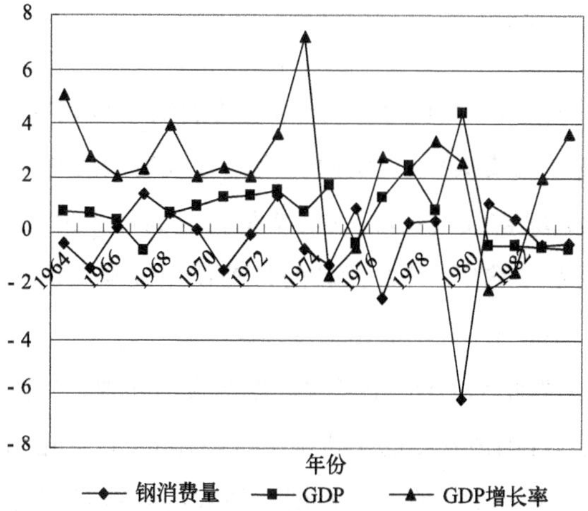

图 3.3　英国 1964—1983 年钢消费量与 GDP 变化图

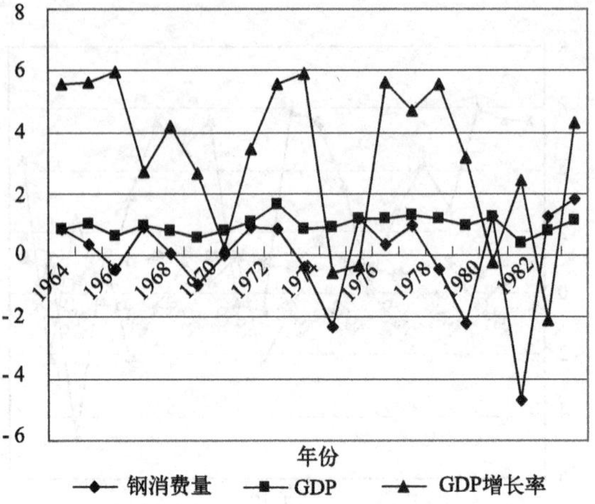

图 3.4　法国 1964—1983 年钢消费量与 GDP 变化图

数据来源:《国内外钢铁统计》(1949—1979),冶金工业出版社,1980.11;《中国钢铁统计》(历年版);《中国统计年鉴》(历年版);国家统计局,《国际统计年鉴》(2005),北京:中国统计出版社,2006。

钢消费量的影响较大,GDP 增长速度的加快或减缓能够直接导致钢消费量的增加或减少,说明两者之间存在着较强的正相关关系。峰值之后,GDP 继续增长,但钢消费量在达到最大值之后已经开始逐渐下降并趋于稳定,GDP 对其的带动作用逐渐减弱,同时也说明钢铁工业产值在 GDP 中的比重逐渐减少。

(2)钢消费量和 GDP 都经过数据转换的处理,二者的变化率范围比较集中,且钢消费量的变化幅度普遍比 GDP 变化幅度要大,但是 1980 年以后,GDP 的变化幅度有加大的趋势,这是因为消费量达到峰值前后,钢铁工业代表的传统工业在国家经济发展中占据主导地位，对 GDP 的影响巨大，而 20 世纪 80 年代以后在国家经济中的份额逐渐降低，对 GDP 的影响也逐渐减小。发达国家在工业化完成时进行了产业结构调整，第二产业不再作为国家发展的重心，比重开始稳步下降，第三产业比重迅速上升，这是 80 年代以后工业发展对 GDP 的影响减小的主要原因之一。关于产业结构的特征，将在下文做详细论述。

(3)观察发达国家的 GDP 增长率曲线的走势，美、英、法三国在钢消费量峰值时 GDP 的增长率都在比较高的位置，紧接着就会有很大的降幅，例如美国从 1973 年的 5.9%直接降到 1974 年的 −0.56%，法国在 1973 年的 GDP 增长率为 5.44%，之后持续下降到了 1975 年的 −0.28%，这种剧烈的降幅也和峰值过后钢消费量的下降相互吻合。

中国的 GDP 增长趋势同样也遵循上述(1)(2)两点规律，即 GDP 和钢消费量之间存在着较强的正相关关系。而中国的 GDP 增长自 1998 年来稳步上升，未见有急剧下降的趋势，尽管 2008 年面临国际金融海啸的冲击，GDP 增长率较 2007 年的 11.4%可能有所下降，但中国政府对经济平稳发展具有很强的信心，并且国家出台的一系列扩大内需的宏观经济调控政策已经在各行各业发挥作用，所以中国的 GDP 在未来较长的时间内预计不会有类似美、法的大幅度下降。我国现阶段基础设施建设、固定资产投资以及保障性安居住房建设已经成为支撑国内生产总值增长的主要因素，在较长一个时期内都是国家宏观经济发展中必不可少的重要内容，必将得到政府政策的大力扶持，而这些行业和项目也正是钢材消费的重要方向，所以在未来一定时期内我国钢需求量达到峰值仍需要较长的时间。

二、产业结构与钢消费量增长之间的关系

大多数发达国家经历了工业化的发展阶段，工业化带来的强大需求拉动了整个钢铁工业的飞速发展。发达国家的经验表明，在工业化发展后期，钢铁工业进入高速增长期，工业化结束前后，钢消费达到峰值，之后随着工业化完成，产业结构进行调整，第二产业不再作为国家发展的重心，比重开始稳步下降，第三产业比重上升，国家经济实现制造业向高新技术行业和服务业的转移，而第三产业对钢铁产品的消费十分有限，受此影响，钢铁工业在达到峰值以后也会逐步降低并趋于稳定。英国于 19 世纪 70 年代最先完成工业化，是世界最早的钢铁工业强国，美、德、法的工业化也分别从 18 世纪末 19 世纪初开始，到 20 世纪初、中期结束，在此期间各国钢铁工业均获得大发展。但是受到第二次世界大战的影响，在工业化结束之际，各国的钢铁工业并没有到达峰值，这是由于英美等国率先完成工业化成为世界的制造中心和输出中心，为其他国家提供工业品，又带动本国的钢铁工业高速发展了较长的一个时期。20 世纪 70 年代发达国家产业结构开始调整，制造中心开始由发达国家向劳动力成本低廉的发展中国家转移，钢铁业在达到发展峰值之后开始逐渐衰落。纵观发达国家工业化发展历程可以看出，钢铁工业的发展与工业化进程息息相关，工业化结束，产业结构向第三产业倾斜的时期，往往是钢铁工业到达峰值的时期。

美、英、德、法四国在达到钢消费量峰值时第二产业比重分别为34.26%、44%、43.57%和37.57%，到达峰值之后，各国第二产业的比重都有不同程度下降，其中以美国和法国的比重最低，都降到了30%以下。四国在峰值年份的第二产业比重的均值为40.83%，而中国2006年第二产业比重为47%，仍然偏高。此外观察发达国家第二产业比重从1970年到1980年十年间的变化趋势可以看出（见图3.5），各国钢消费量峰值都是在第二产业比重持续下降的阶段内达到。而中国自2002年以来，还未出现持续下降的阶段（见图3.6），反而近年来有稳步上升的趋势，说明第二产业对中国的GDP仍然具有很大的影响，远还没有达到发达国家开始的产业调整，第二产业退居二线的阶段，相应地钢铁工业在今后比较长的时期里还会持续发展。

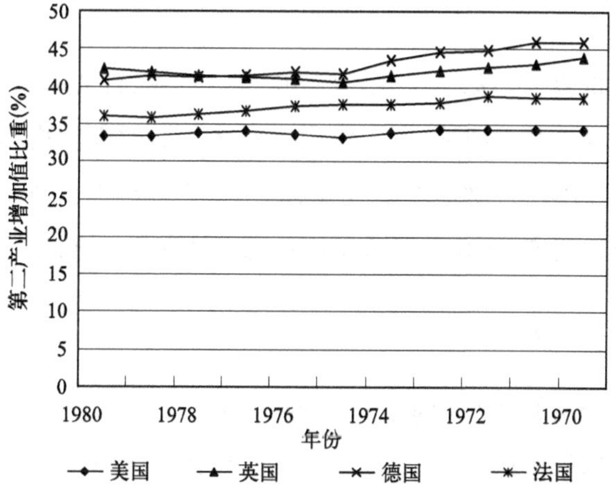

图3.5　发达国家1970—1980年第二产业增加值占GDP比重趋势图

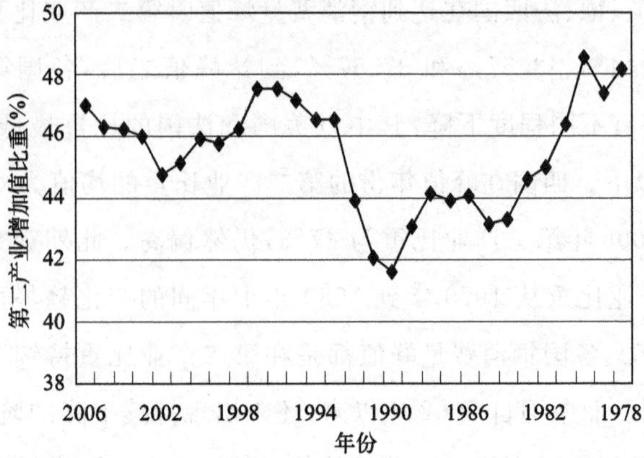

图 3.6 中国 1978—2006 年第二产业增加值占 GDP 比重趋势图

数据来源:《中国统计年鉴》(各年版);《世界经济统计年鉴》(各年版);国家统计局,《国际统计年鉴》(2005),北京:中国统计出版社,2006。

三、人均 GDP 水平与钢消费量增长之间的关系

作为世界人口第一大国,研究中国的产业、行业问题必须结合人口众多这一基本国情,所以将中国经济发展的人均指标(例如人均 GDP),钢铁工业发展的人均指标(例如人均钢消费量)与发达国家进行对比研究,要比总量数据的对比更具有实际意义。

1. 人均 GDP

将中国人均 GDP 的变化和发达国家进行对比可以看出(见图 3.7),尽管中国自 1979 年以来人均 GDP 已经有了大幅提高,特别是近年来增长速率明显加快,2006 年较 1979 年增长了 10 倍多,但是,由于中国的起点低、起步晚,同发达国家之间的差距仍

然是十分巨大的。1979 年我国的人均 GDP 只有 180 美元，而同期的四个发达国家均已达到 8000 美元以上，其中美国更是高达 11860 美元，是中国的 66 倍。通过近 30 年的发展，2007 年中国的人均 GDP 达到 2485 美元，但美国已经达到 45790 美元，仍然是中国的 18 倍多。

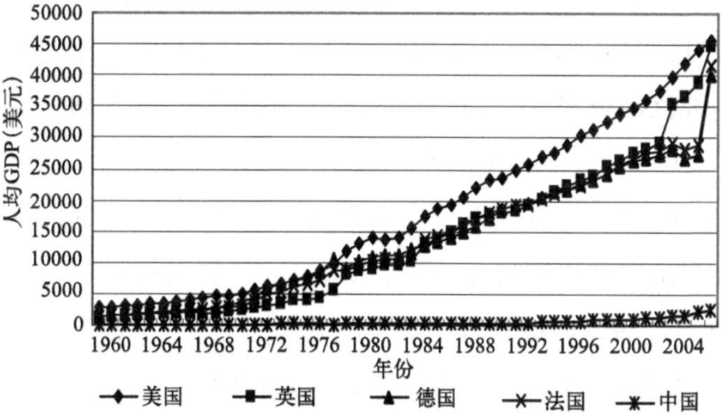

图 3.7 发达国家和中国 1960—2007 年人均 GDP 变化趋势图

数据来源:《国内外钢铁统计》(1949—1979)，冶金工业出版社，1980.11；国家统计局，《国际统计年鉴》2005，北京：中国统计出版社，2006 年。

通过分析历史数据，我们发现在发达国家钢产量、钢消费量达到峰值时，人均 GDP 均在 2000 美元以上，最低的是英国，1970 年达到峰值时为 2209 美元，最高的是美国，1973 年人均 GDP 为 6166 美元，位于四国之首。我国人均 GDP 在 2006 年的水平只相当于美国 20 世纪 50 年代初期。而且，四国在人均 GDP 从 300 美元上升至各自峰值时数据的过程，正是钢铁工业大力发展的黄金时期，从这一点可以看出，中国的钢需求量还有比较广阔的增长空间。

2. 人均钢消费量

本文将中国和四个发达国家在人均钢消费量上的数据进行了对比(由于缺少中国1979年以前人均钢消费量数据,所以均采用1979年的数据——20 kg表示)。通过分析发现,发达国家达到峰值时人均钢消费量均超过440 kg,之后都出现了不同幅度的下降,并逐渐稳定,例如美国在1973年达到峰值时人均钢消费量高达711 kg,2006年下降到了424 kg,这不仅和美国工业化进程顺利完成,第二产业比重下降紧密相关,也同主要的钢消费行业(例如房地产和汽车行业)日趋饱和有关。同期的英、德、法三国也都有100～200 kg的降幅。与发达国家相比,中国的人均钢消费量仍然很低,2007年仅为291 kg,远低于四国在各自达到峰值时人均钢消费量的水平,同时也低于发达国家工业化中期的钢铁消费水平,所以中国的人均钢消费量应该还有很大的增长空间。另外,从图3.8可以看出,发达国家人均钢消费量在达到峰值之前均出现过波动,而中国自1993年至今人均钢消费量一直稳步增长,进入21世纪这一数据增长速度更是大大加快,并未出现波动的现象。

中国现在正处于工业化最为关键的中期阶段,钢材消费强度呈现迅速上升的趋势,并将在较长的时期内,维持在一定的高水平上,并且中国的城市化进程也在积极地推进,城市化率以年均1.43个百分点的速度在增长,这将进一步拉动钢消费量,带动钢

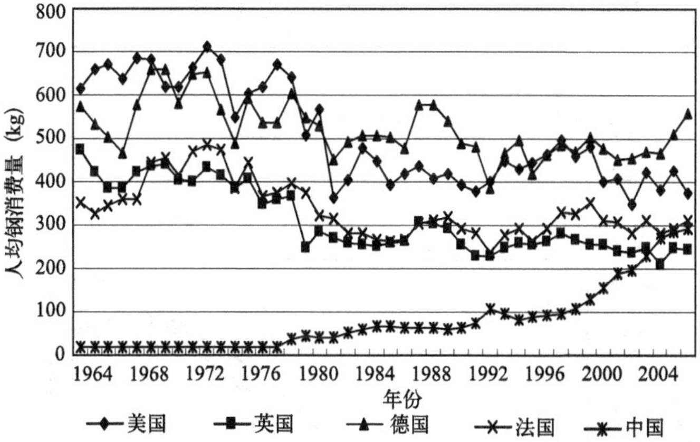

图 3.8 中国与部分发达国家 1964—2007 年人均钢消费量对比图

数据来源:《国内外钢铁统计》(1949—1979),冶金工业出版社,1980.11;《中国钢铁统计》(历年版)。

铁工业的发展。综合各方面的情况来看,中国人均钢消费量应当还有一个比较长的时期才能达到峰值。

3. 人均 GDP 与人均钢消费量的关系

前文详细论述了 GDP 和钢消费量之间的正相关关系,基于同样的原理,人均 GDP 和人均钢消费量也存在着很强的正相关影响,通过考查法国 1964—1973 年,即钢消费量在达到峰值之前十年的历史数据我们发现(表 3.2),这种正相关关系可以通过以下四个函数来描述,并且拟合优度都比较好,见表 3.2 和图 3.9。

表 3.2　1964—1973 年法国人均 GDP 与人均钢消费量回归函数判别系数

判别系数	对数函数 (Logarithmic)	二次函数 (Quadratic)	三次函数 (Cubic)	S形曲线
法国	0.79023	0.82467	0.82525	0.80604

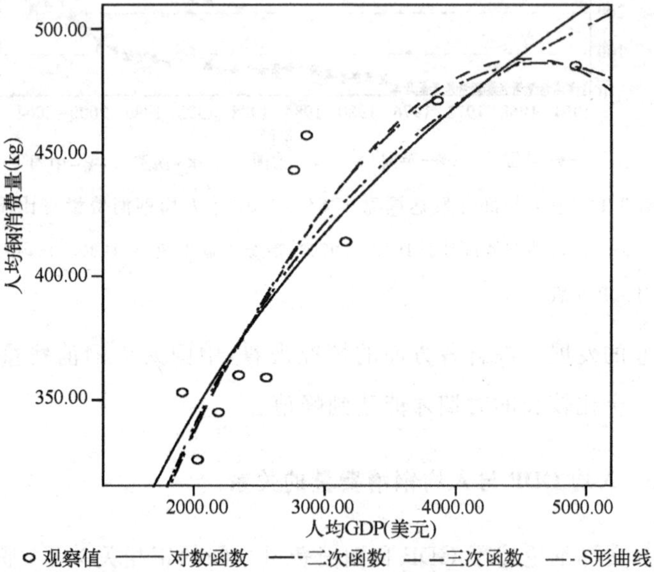

图 3.9　法国 1964—1973 年人均 GDP 与人均钢消费量回归关系

中国的人均 GDP 和人均钢消费量表现出与发达国家基本一致的变化规律，我们用 1979—2006 年的历史数据进行回归分析，发现正相关规律同样存在(见图 3.10)。通过数据分析可知，描述中国 1979—2006 年人均 GDP 和人均钢消费量之间的关系，由三次函数和二次函数拟合较好，判定系数分别达到 0.95723 和

0.94893,这不仅用数据证明了正相关关系的存在,而且为我们进一步预测中国钢消费量峰值提供了有力的统计预测方法。

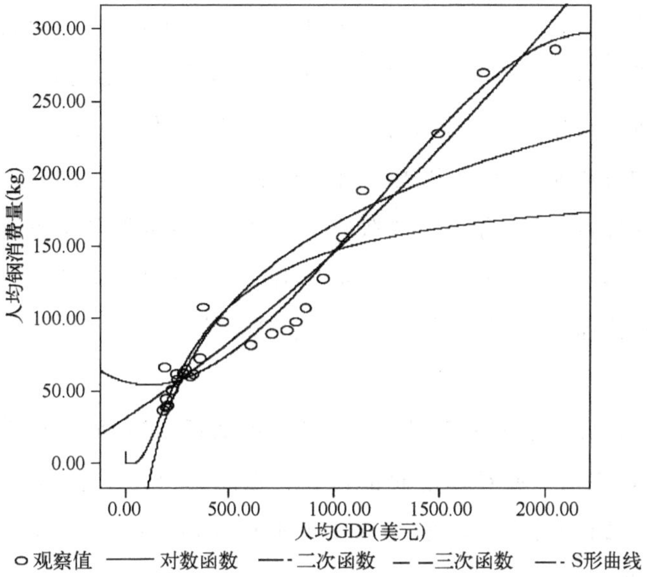

图 3.10　中国 1979—2006 年人均 GDP 与人均钢消费量回归关系

四、城市化水平特征

发达国家在钢产量和钢消费量达到峰值时,国内的产业结构调整也同步完成,先后从工业社会向信息社会进行转变,此时发达国家的城市化水平都比较高,各国城镇人口的比重都在 73%以上,其中德国的比重最高为 89.8%。城市化进程是带动钢铁、房地产等部门快速发展的基本动因。我国处于工业化的中期，计划于2020年前后基本实现工业化，但是城市化水平仍然很低，2006年我国城市化率只有43.9%，只相当于英国19世纪50年代的水平。我国政府在十七大会议上将大力提高城市化水平，使城镇人口比重明显增加作为全面建设小康社会的重要战略任务，就是积极推进城市化进程的突出表现。这一推进过程是钢铁工业大力发展的机遇期，也说明我国的钢铁工业还将有一个长期的发展阶段。此外，中国特有的国情造成了东部、中部和西部经济发展不平衡，比较发达的地区达到对钢材消费的饱和时，欠发达地区可能还在高速发展，所以我国钢铁工业到达峰值将会经历一个较长的阶段。

通过分析中国1979年至2006年的数据得知，城市化率与钢消费量、人均钢消费量之间都具有较强的正相关关系，可以用不同的函数模型进行模拟，拟合优度都很好，均在0.933和0.925以上，见图3.11和图3.12。

通过统计数据的函数模拟，证明了城市化率与钢消费量和人均钢消费量之间的正相关关系，不仅为我们之前的现象分析增加了可信度，同时也为预测钢铁峰值提供了新的思路。

通过总结发达国家钢铁工业在钢消费量峰值期的特征，我们发现钢消费量与GDP、产业结构、人均GDP水平、城市化率都存在着统计意义上的强相关关系，呈现出一定的规律性。在将发达国家这些规律性的特征与中国钢铁工业发展的现状进行对比研究的基础上，本文认为中国钢铁工业的发展仍然处于成长阶段，

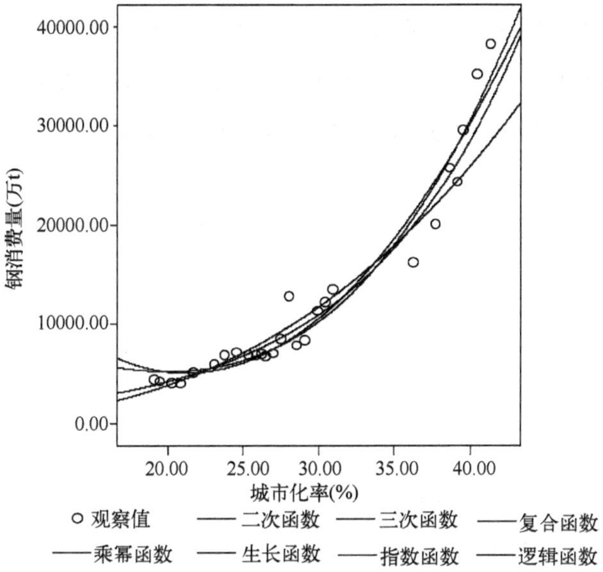

图 3.11 中国城市化率与钢消费量关系拟合图

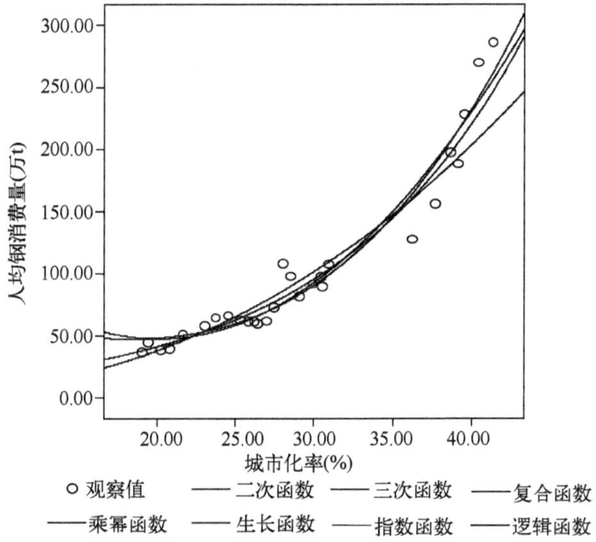

图 3.12 中国城市化率与人均钢消费量关系拟合图

第二产业比重、人均GDP、人均钢消费量和城市化率一系列的相对指标都远远落后于发达国家达到峰值时的水平，这也说明中国还需要较长的一个时期才能达到钢需求量的峰值，钢铁工业还将有一个较为广阔的增长空间。

第二节　发展中国家钢铁工业发展规律

随着经济的发展、技术的进步、资本市场的活跃以及区域人口的结构变化，世界经济活动的重心开始重新布局。支撑经济发展的支柱产业——钢铁工业也自然随之发生变化。比如美国钢产量在 20 世纪 60 年代末达到 1.3 亿 t，而 2008 年粗钢产量降至 9149 万 t。美国曾经是全球最大的钢铁出口国，现已转变为最大的钢材净进口国。再比如，日本 1973 年粗钢产量达到顶峰 1.2 亿 t，之后 30 年变动幅度不大，2008 年产量为 1.18 亿 t。近 30 年来，全球钢铁需求持续增长，新增产能几乎全部出现在发展中国家，近几年尤其如此。世界钢铁工业的重心逐渐沿着以下轨迹转变：大部分钢铁将在以竞争性价格可购得矿石和能源的地区进行生产，如巴西、俄罗斯等，工业化国家及地区（美日及欧盟）粗钢产量将保持稳定或进一步减少，俄罗斯、巴西、中国、印度以及中东钢产量将会上升。而由于经济发展带动的工业化和城市化进程带来的巨大钢铁需求，又会进一步推进该国或地区钢铁工业的良性发展。近年来，被称为“金砖五国”的中国、俄罗斯、巴西、印度和南非五国作为新兴经济体的代表，对全球经济增长的贡献不断增大，国际经济地位日益重要，其钢铁工业的发展也显示出较快速度增长和良性发展的趋势，对其钢铁工业的研究在发展中国家具有一定的代表性。

一、中国钢铁需求量峰值预测分析

依据前文所述，美、英、德、法等四个发达国家在峰值期的发展特征上呈现出一定的规律性。系统地比较这些特征，深入分析规律，不仅有利于我们吸取发达国家发展钢铁工业的有益经验，更为正确地认识我国钢需求量的变化趋势提供了客观的指导，本节将在深入研究这些规律的基础上，运用成熟的方法对中国钢需求量峰值做出科学的预测。通过前文的研究，我们发现中国钢铁工业的发展仍然处于成长阶段，第二产业比重、人均GDP、人均钢消费量和城市化率等指标都远远落后发达国家达到峰值时的水平。并且，第二产业比重、人均 GDP 和城市化率等三个指标都与钢消费量（或人均钢消费量）存在着较强的正相关关系，这种关系可以用成熟的函数模型进行描述，这样就为我们预测中国钢铁工业需求量峰值提供了重要的方法。

1. 根据产业结构特征做出的预测

大多数发达国家经历了工业化的发展阶段，经验表明，往往工业化发展到了后期，钢铁工业进入增长高潮；工业化结束期间，钢铁工业达到峰值；之后随着工业化完成，产业结构进行调整，第二产业不再作为国家发展的重心，钢铁工业在达到峰值以后也会逐步降低并趋于稳定。美、英、德、法四国的钢铁工业发展历程都遵循了这种规律，见表 3.3。

表 3.3 发达国家与中国第二产业比重对照表

	美国	英国	德国	法国	中国(2007)
峰值年份	1973	1970	1974	1974	——
第二产业比重	34.26%	44%	43.57%	37.57%	48.7%

数据来源：《国际统计年鉴》，北京：中国统计出版社，历年版。

从表 3.3 可以看出，发达国家在各自达到产量峰值时第二产业比重相对较高，峰值出现之后，这一指标都有不同程度的下降，其中以美国和法国的最低，都降到了 30%以下，而中国 2007 年第二产业比重为 48.7%，仍然偏高，并且 2002 年以来一直稳步增长，未有下降的趋势。第二产业比重居高不下的现状说明中国还远未达到发达国家工业化基本完成，第二产业比重持续下降的阶段。根据我国长期规划，第二产业比重将在 2020 年下降到 40%左右，接近发达国家峰值年份的均值水平。所以可以预计，中国的第二产业比重虽然现阶段较高，并还具有上升趋势，但未来的一个阶段里会逐步降低，在 2020 年左右到达规划中的比例，基本实现工业化。

预测假设：

①中国长期规划的目标能顺利实现，即 2020 年第二产业比重达到 40%左右，在产业化调整的过程中不出现引起产业构成剧烈波动的意外事件。

②中国在2020年基本实现工业化。

预测方法：

根据中国1979—2006年的历史数据用时间序列回归模型预测，分别选用二次函数、三次函数、复合函数、生长函数、对数函数和逻辑函数六种模型进行模拟，相关指标见表3.4所示。

表3.4　六种模型拟合钢消费量指标对照表

	判别系数（R^2）	2020年预测值（万t）	置信度为0.95的预测区间下限	置信度为0.95的预测区间上限
二次函数	0.93395	90267.32045	76740.76241	103793.8785
三次函数	0.98208	179241.7832	155259.2488	203224.3175
复合函数	0.89977	81482.47927	47960.37788	138434.9899
生长函数	0.89977	81482.47927	47960.37788	138434.9899
对数函数	0.89977	81482.47927	47960.37788	138434.9899
逻辑函数	0.89977	81482.47927	47960.37788	138434.9899

从表3.4中的对比指标可以看出，六个模型的拟合都有比较好的拟合优度，其中以三次函数的判别系数最高为0.98208，其他的也都达到了0.89以上，虽然拟合优度都符合要求，但是不同的模型对2020年的预测值相差却比较大，运用三次函数进行拟合对2020年的预测值为179241.7832亿t，鉴于我国产业结构调整，降低第二产业比重的宏观政策方向，这个值与我国实际情况相比很可能过大；而复合函数等四个模型，虽然2020年的预测值在8亿t左右，符合中国实际，但是置信区间过宽，从4亿t跨度

到 13 亿 t,失去了统计预测的意义,所以我们最终选择了二次函数对钢消费量进行预测,一方面拟合优度较好,另一方面符合中国实际,具有统计预测的意义。

模型为:

$Y=8401.57-1090.96X+72.38X^2$

$Y(2020)=90267.32045$(万 t)≈9.03(亿 t),置信度为 95%的预测区间为(7.67,10.38)。

模拟出的二次曲线二次项系数为正,开口向上,但是我们预测的假设是 2020 年钢需求量达到峰值,所以 9.03 亿 t 的数据仍然偏高。

2. 根据人均水平特征做出的预测

通过研究美、英、德、法四国 1964—1983 年 20 年间的数据,我们发现,GDP 和钢消费量以及人均 GDP 和人均钢消费量之间均存在着较强的正相关关系,一方面,我们可以将钢消费量与 GDP 的变化趋势做出对比,发现两者的变化方向基本保持一致;另一方面,用函数对这种正相关关系进行描述,也得到了很好的拟合优度,也证明了这种关系在统计分析上的严密性。在 GDP 与钢消费量关系的考查中发现,由于中国人口数量庞大的问题,很难将中国 GDP 和钢消费量的总量数据与发达国家直接进行比较。在中国这样的总量数据已经远远超过发达国家,例如中国 2006 年的钢消费量已经达到 3.8 亿 t,而大多数发达国家这一数值多年来都只有5000万t左右，美国是发达国家中钢消费量最多的国家，也大约只有1.2亿t。如果从GDP上进行比较，中国的GDP已经超过了法国，和英国、德国基本持平，但是国家的富裕程度却还远远低于这些发达国家，这些都受到了中国13.2亿人口的影响。所以本文并没有选择具有良好相关关系的GDP与钢消费量进行回归，而是选择了将人口因素考虑在内的人均GDP和人均钢消费量这一对变量进行研究，相信能更为客观地预测中国钢消费量的峰值以及到达的时间。

预测假设：

中国能在2020年实现全面建成小康社会的奋斗目标，人均国内生产总值比2000年翻两番，基本实现工业化，钢需求量达到峰值。

预测方法：

人均GDP和人均钢消费量之间存在的关系我们可以通过数学模型对其进行模拟，其中拟合优度比较好的几个函数为拟合对数方程、二次函数、三次函数和S曲线，其中三次曲线的判定系数最好，为0.97523，但是通过观察在历史数据基础上生成的拟合曲线我们发现，三次曲线已经到了波峰阶段，已经开始或者在较短的几年内就将开始下降，这与中国钢铁需求量近年来大幅增加的总体态势是不吻合的，所以我们选用二次函数曲线进行模拟，拟合优度也达到了0.94893，见图3.13。

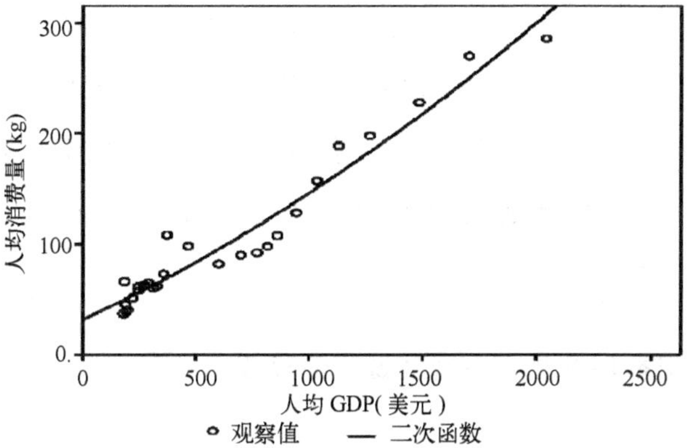

图 3.13　用二次函数拟合人均钢消费量与人均 GDP 的关系

中国 2000 年的人均 GDP 为 945.6 美元，按照翻两番的规划，到 2020 年，人均 GDP 应当达到 3782.4 美元，根据模型可以得到：

Y(3782.4)＝673.8790752≈673.88(kg)

通过人均 GDP 与人均钢消费量之间的回归关系得到 2020 年人均钢消费量的预测值约为 673.88 kg，如果只考虑人均钢消费量自身的变化趋势也将得到类似的结论。我们将人均钢消费量按照时间序列进行回归，同样采用二次函数模拟，得到 2020 年人均钢消费量为 641.3 kg，与之前采用人均 GDP 做自变量回归预测人均钢消费量得到的 673.88 kg 差距较小，从而证明了假设 2020 年的人均 GDP 为 3782.4 美元在数据处理上的合理性。

2007年国务院办公厅印发的《人口发展"十一五"和2020年规划》提出，到2020年，中国人口总量控制在14.5亿以内。按照14.5亿计算，2020年中国钢需求量约为9.77亿t（本书除特别说明，2020年的人口数均以14.5亿计算）。由于预测中选择的人口数是人口发展规划在2020年的上限，所以实际的钢需求量应当低于9.77亿t。

3. 根据城市化水平特征做出的预测

城市化率是影响一个国家钢铁工业发展速度的重要因素，我们通过研究发现，发达国家在完成工业化，达到钢消费量峰值时城市化水平都很高，均在73%以上，但是我国的城市化率仍然较低，2006年只有43.9%。研究还表明，城市化率和钢消费量之间存在可以用函数模拟的高度正相关的回归关系，可以利用这样的关系对钢铁需求量的峰值进行预测。

预测方法：

城市化率作为自变量对因变量钢消费量的回归预测。

预测假设：

中国城市化水平达到60%左右时，钢需求量达到峰值。

国内众多学者都认为中国的城市化水平将在2020年左右达到60%，这一水平象征着中国基本实现城市化，虽然远未达到发达国家峰值期的水平，但是考虑到中国的现实国情，这一数据还是较为合理的，而且2020年也是工业化基本完成的重要时点。

首先，考察城市化率对钢消费量的回归预测见图 3.14，我们选取以下四个具有代表性的模型。这四个模型的判别系数均达到 0.92 以上，拟合优度较好。

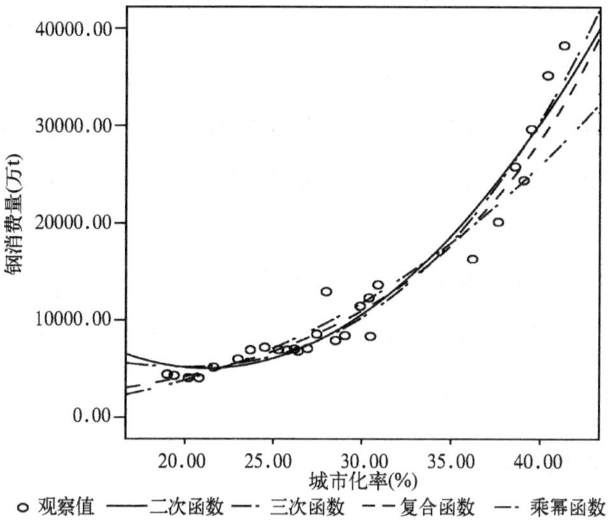

图 3.14　城市化率与钢消费量回归关系图

二次函数：$Y=37170.454-302775.979X+714088.266X^2$

三次函数：$Y=10343.662-382329.4634X^2+1272119.4846X^3$

复合函数：$Y=626.86249\times13977.729418X$

乘幂函数：$Y=322017.277817\times X^{2.748081}$

用以上四个模型进行预测，得到的钢需求量峰值数据如表 3.5 所示。

表 3.5　四个函数对城市化与钢消费量之间关系的模拟指标($X=0.6$)

	二次函数	三次函数	复合函数	乘幂函数
判别系数 R^2	0.94614	0.9534	0.95186	0.92576
预测峰值(亿 t)	11.2577	14.7483	19.2502	7.9108

回归结果显示，四种函数进行预测虽然拟合优度都比较高，但得到的 2020 年中国钢需求量具体数据之间的跨度较大，从 7.9 亿 t 到 19.3 亿 t，考虑到中国的现实情况，并结合前两种预测方法的得到的数据，我们认为 7.9 亿～11.3 亿 t 的钢需求量预测值是比较合理的，取两者的算数平均值为 9.6 亿 t。城市化的时间序列回归显示 60％的数据将在 2019—2020 年达到，这也符合假设提出时对年份的预测。

4. 对预测值的修正

前文分别从产业结构、人均 GDP 水平和城市化率等三个方面对中国钢需求量峰值进行了预测，得到的预测值集中在 9.5 亿 t 左右。应该指出的是，这三个方面并没有包含预测需求量峰值时应当考虑的全部因素。中国钢铁工业的发展是在中国经济发展的宏观环境下进行的，必须考虑各方面的现实国情。所以在前文做出的预测基础上，我们还应当从以下几个方面着手分析，对预测值进行科学修正。

(1)从累积人均水平的角度考虑。社会对钢铁产品的消费并非是在某一个时点进行的，而是会持续一个比较长的时期，所以有必要考虑累积性的指标,同时中国庞大的人口使得研究指标的人均水平更加重要。中国至2006年的钢积蓄总量虽然已经达到35亿t,超过了发达国家到达峰值之前的水平,但是人均钢积蓄量却远远落后于发达国家,只是法国的53%,是美国的24%,见表3.6。

表3.6 中国与发达国家钢积蓄量对照表

	美国	英国	德国	法国	中国(2006)
消费量峰值年份(年)	1973	1970	1970	1973	—
钢积蓄总量(亿t)	23.03	3.21	4.62	2.6	35
人均钢积蓄量(kg/人)	11000	5800	7600	5000	2663

首先,考虑到钢铁制品的使用年限一般在10年以上,我们计算了发达国家峰值年份前10年的累积人均钢消费量,四国的平均值达到了5047.3 kg/人(见表3.7),中国1997—2006年10年间的累积人均钢消费量只有1753.1 kg/人,同发达国家相比存在着非常巨大的差距,只相当于发达国家的35%。这也从另一角度证明了前文中认为中国钢铁工业还有很大的发展空间,距离峰值还有较长时期的结论。

其次,由于本文预测中国钢铁需求量峰值于2020年左右达到,所以计算了2020年这一预测峰值前10年和15年的累积钢消费量(以15年为累积周期是因为消费钢材料中约有40%经过15年成为折旧废钢可以回收,工业化国家一般按此年限进行折旧计算)。通过数据对比我们发现,在中国预测峰值前10年的累积人均钢消费量与发达国家水平非常相近,只有25.3 kg的差距。这说明我们将2020年左右作为预测峰值是比较合理的。

最后，峰值前15年中国的累积人均钢消费量达到了6566.3 kg/人，同发达国家的平均水平7118.7 kg/人相差不大，但相比10年的累积期差距有所扩大，说明中国钢铁消费量的基数比较低，近年钢铁工业的发展速度加快，正在逐渐减小与发达国家之间的差距(见表3.7)。

表3.7　发达国家与中国累积人均钢消费量对照表

峰值前	发达国家累积人均钢消费量(kg/人)					中国
年限	美国	英国	德国	法国	平均	(kg/人)
10年	6559	4076.2	5541	4013	5047.3	5021
15年	9056.3	5981.4	7869	5568	7118.7	6566.2

(2)从资源、环境的角度考虑。中国是资源消耗大国，在以大量消耗资源、破坏环境为代价的粗放式工业发展模式之后，中国的资源条件已经日渐匮乏，环境保护的议题更是越来越引起人们的广泛关注。在严峻的挑战面前，国家在“十一五规划”当中，明确提出了万人GDP能耗要降低20%左右，主要污染物的排放量要减少10%的奋斗目标，钢铁工业大量消耗各种资源，同时也是污染物排放的主要产业之一，能否有效地节能减排成为影响钢铁工业持续发展的瓶颈。按照能耗降低20%左右的规划，我们将预测的钢需求量也降低20%，这样对于钢需求量的峰值预测值为8亿t左右。

(3)从科学技术进步的角度考虑。美英等四个发达国家均在20世纪70年代达到钢消费量的峰值，当今的中国同峰值期的发达国家相比，科学技术水平已经有了大幅度的提高，例如在1973

年，美国钢铁的连铸比仅为15.5%，而2005年中国连铸比已经了达到97%，中国现在的钢材成材率也高于发达国家峰值期的水平。科学技术的进步进一步提高了钢材的使用效率，从而降低钢消费总量。从这个角度考虑，同样可以得到9.5亿t的钢需求量预测值偏高的结论。

结合中国现实国情进行分析，我们认为之前得到的钢需求量峰值的预测值9.5亿t偏高，在与发达国家人均钢消费量的水平进行对比和充分考虑我国节能减排的规划目标的基础上，将钢需求量峰值估计为8亿t左右。通过我国钢消费量历史数据的时间序列回归分析，8亿t的需求量在2018—2020年达到。

二、印度钢铁工业的发展规律

1. 印度钢铁工业发展历程

虽然一直在进行小规模的炼铁尝试，但印度一直到18世纪末才形成了钢铁工业的雏形，而现代钢铁工业的发展，则开始于第一次世界大战时期。1907年，印度的塔塔财团以2300余万卢比建立了塔塔钢铁公司。它于1911年开始生产，1913年第一次产钢。第一次世界大战期间，由于大量的军事订货，外国钢铁不能进口，以及近东国家的需要，印度钢铁工业迅猛发展。第二次世界大战期间印度钢铁工业获得了进一步的发展，制成钢的年产量增长至1945年的92.3万t。1947年印度独立时，钢铁生产设备总能力为130万t，其中塔塔钢铁公司为100万t，印度钢铁公司为30万t。印度政府非常重视钢铁工业的发展，在第一个五年计划时期就已经将其考虑在内，主要侧重于增加现有两个钢厂的产能，并于第二个五年计划期间实施大规模的国有钢厂建设。通过支持现有两个钢厂增加产能、和别国政府或组织联合建新厂以及鼓励私营建立小型钢厂等举措，印度钢铁工业发展很快。特别是20世纪90年代初，印度开始实行经济改革和贸易自由化的政策，经济得到快速发展，作为国民经济支柱产业的钢铁工业生产能力得以大幅度提升，2008年钢产量达到5505万t，是独立初的近60倍，年均增长约96%，超过韩国，成为世界第五大产钢国家。随着印度经济的起飞，对钢材的需求非常强劲，再加上印度资源丰富，人力成本较低，同时，印度政府也非常重视钢铁业的发展，采取了一系列积极的政策措施来解决钢铁业发展中的"瓶颈"。可以预测，未来一段时间印度钢铁业必将迎来一个加快发展的时期。

2. 印度钢铁工业发展现状

自远古以来，印度就一直在全球的矿物和金属市场起重要作用，并准备在未来的全球工业和金属市场上起更大作用。国家制造业竞争力协会(NMCC)会长V. Krishnamurthy在印度工业联盟(Confederation of Indian Industry)组织的一次会议上说，印度有能力变成全球金属中心。他还说："我们拥有天然资源如铁矿、煤矿和其他矿物，我们也有工程和冶金人才。"Tata钢铁公司的总经理B. Muthuraman也称，在满足国内需求之后，印度可能变成全球金属中心。Vedanta 资源公司总裁 Anil Agarwal 也持同样观点，他说，印度是对金属生产者有吸引力的国家，因为它的自然资源丰富，投资成本低，而且通过它可进入快速增长的国内和邻近的亚洲市场。凭借着资源和成本优势，印度的钢铁工业在世界上的地位也日益重要，已经成长为不可小觑的钢铁生产大国和消费大国。根据国际钢铁协会(IISI)的预测，2010 年印度钢消费增长率将是世界最高的，超过中国。分析机构世界钢动态公司(World Steel Dynamics)预测，印度的钢需求将每年增长 8%，比世界上其他任何国家增长都快，虽然是在较小的基础上增长的。

(1)产量。印度是新兴发展中大国之一，由于近年来经济持续看好，国内钢材需求量迅速增长，钢材人均消费需求量不断提高，进一步促进了印度钢铁产量的增长。据国际钢协的统计，从 2002 年到 2008 年，印度年均钢产量增加 15%以上。2008 年下半年虽然受到经济危机的影响，钢铁产量有所萎缩，但粗钢产量仍达到 5505 万 t，在世界的排名已经超过了韩国，上升到了第 5 位。

从图 3.15 可以看出，印度钢铁业的产量逐年上升得很快，特别是 2005 年以来，上升到了一个更高的阶段，同时，占世界钢产量的比重也有所增加，意味着印度正逐步建立在世界钢铁工业中的重要地位，发挥更重要的作用。2006 年印度钢铁工业的政策制定者所制定的目标是：到 2010 年，产量达到 6000 万 t(后修正为 8000 万 t)；到 2020 年，产量达到 1.1 亿 t(后修正为 1.75 亿 t)。

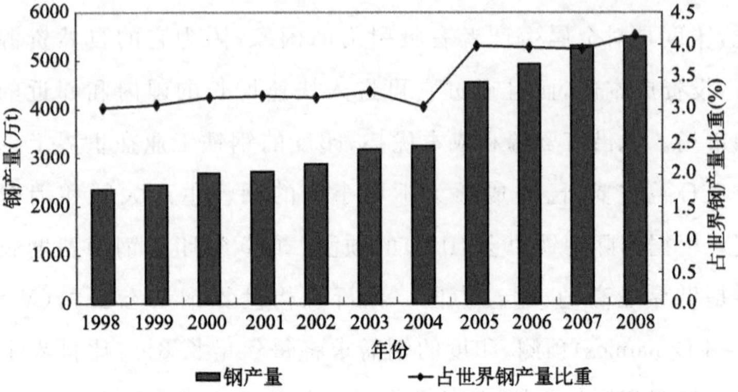

图 3.15　印度 1998—2008 年钢产量及占全世界钢产量比重

(2)消费量。2007 年印度的人均钢铁消费量为 47.2 kg,按照国际钢铁协会的艾克诺密斯托所提出的钢铁集约度曲线,钢铁消费与人的生命同样有着生命周期的理论,印度钢铁工业正处在钢铁消费快速增长的摇篮期。2003—2008 年,印度年平均经济增长率达到 8.0%以上。由于经济增长刺激了钢材消费,主要是当地建筑业、汽车制造业、油气管道铺设工程、中小企业发展以及经济特区和农村发展对钢材需求巨大。印度对钢材的需求已经进入一个高速增长阶段。2007 年印度主要钢材的使用大户,如印度电力部门年增长率达到 40%,油气部门为 30%,建筑部门为 19%,汽车制造部门为 18%。

从图 3.16 可以看出,印度自 1990 年以来,钢消费量和人均钢消费量一直保持着较为一致的增长趋势,正是因为钢消费量在 2004—2005 年期间有着大幅的提高,促使了这一时段的印度钢铁工业因势利导,大幅提高钢产量,自此进入了一个更高的阶段。2007 年的消费量更是比 2006 年增加了 13%。分析机构世界钢动态公司(World Steel Dynamics)也预测,印度的钢需求的增长将比世界上其他任何国家都要快。

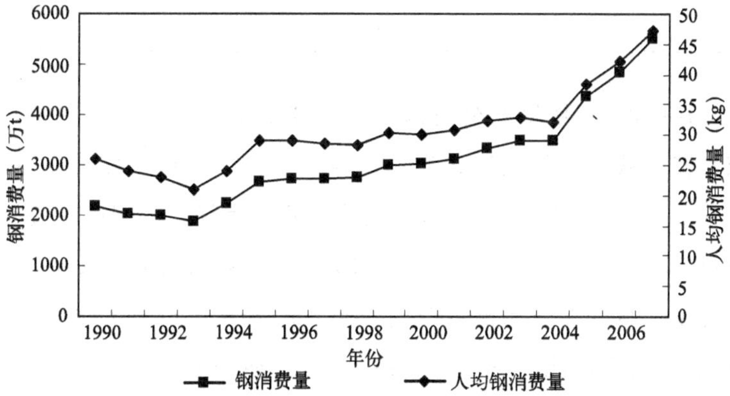

图 3.16　印度 1990—2007 年钢消费量和人均钢消费量增长趋势

(3)产业集中度。所谓产业集中度,是指在某一行业生产某产品,产量排名前几位企业的产量之和与该行业总产量之比。按照产业集中度的高低,可将产业的市场结构划分为 4 类:产业集中度大于等于 70%的是寡头垄断型市场;大于等于 40%的是集中竞争型市场;大于等于 20%的是低集中竞争型市场;小于 20%的是分散竞争型市场。根据 2007 年世界各主要钢铁生产国产能排名前 3 位的钢铁生产企业的数据计算,印度钢铁工业产业集中度为 85.18%,仅次于巴西(94.4%)和韩国(88.8%)(见表 3.8)。

表 3.8　印度 2007 年产能前 3 位钢铁公司产量及所占比例

钢铁公司名称	产量/万 t	所占全国产量比例(%)
塔塔钢铁公司	2652	50.03
印度钢铁管理局	1387	26.17
埃萨钢铁公司	476	8.98
合计	4515	85.18

在印度,塔塔钢铁公司的产量占到全国产量的一半以上,这家私营钢铁公司的发展趋势可以在一定程度上说明印度钢铁工业的前景。从 2004 年起,塔塔钢铁开始了大规模的国际化经营,通过一系列的收购,对象包括新加坡的 Natsteel 和英荷 Corus,初步确定了自己在国际钢铁业的布局。同时还进行了五大钢铁建设项目,新增产能 2800 万 t,并提出在巴西和南非收购或新建的计划。这一系列的并购和新建举措,充分说明了印度政府对钢铁工业的大力扶植态度,以及印度现有钢铁企业提高产能的潜力巨大。

产业集中程度较高有利于印度钢铁工业在发展中主体保持一致,形成较为稳定的团体,具有较强的行业控制力和全球竞争力。

(4)生产成本。由于具有丰富的资源,印度生产的钢铁产品具有他国不可比拟的低成本优势,生产钢的投入成本国外接近 60%,而印度仅为 45%;印度的劳动力也便宜,为总成本的 4%～5%,而在国际钢铁生产市场上是 25%。印度钢铁公司的平均经营利润约为 30%。表 3.9 为 2007 年不同国家(地区)钢铁企业的现金成本和边际成本比较情况，印度钢铁企业的现金成本和边际成本在世界主要产钢国家中是较低的，仅次于俄罗斯。

表 3.9　2007 年不同国家(地区)钢铁企业的现金成本和边际成本比较(美元)

国家(地区)	钢厂类型	现金成本	边际成本
俄罗斯	传统钢厂	250	221
巴西	传统钢厂	266	234
印度	传统钢厂	266	234
中国	传统钢厂	335	305
澳大利亚	传统钢厂	375	308
美国	传统钢厂	388	314
韩国	传统钢厂	362	320
日本	传统钢厂	378	321
欧洲	传统钢厂	445	373

印度是唯一具备双重优势即国内市场增长很快，又是输出原料的国家。印度的大多数钢铁公司在生产成本方面甚至比在中国更有竞争力。这样，由于低廉的劳动成本、原料的可获量和市场潜力等几个因素的影响，全球大的钢铁公司正越来越多地进入印度。

(5)贸易状况。在贸易自由化措施的激励下，过去 3～4 年印度的钢铁产量和钢铁生产能力都得到了进一步的提高，在钢材产品种类、质量和价格方面逐渐具有一定的全球竞争力，钢铁出口量也出现了增长势头。2007 年印度钢铁出口量保持了稳定增长势头，出口达 489 万 t。面对印度钢铁业出口的再保险基金短缺的问题，印度钢铁联盟已提出设立总额为200亿卢比(约4.39亿美元)的“全国钢铁出口保险基金”，为国内钢铁企业出口付款提供风险担保。由于印度经济快速发展，虽然印度本国钢铁产能不断增加，但是印度还是需要进口一定数量的钢铁。2007年印度钢铁进口量达到443万t，比上年增加了15%。2008年受到经济危机的影响，进口量有所下降，但仍然是世界钢铁产品的一个重要的市场。

3. 印度钢铁工业消费量峰值预测

依据前文所述，印度国家经济在进入20世纪90年代以后开始了快速发展，钢铁工业生产能力也得到了大幅度的提升，较独立初期，钢产量增长了近60倍，年增长约96%。本身具有的天然资源优势，也为印度降低生产成本，提高产量提供了巨大推动力。印度本身也对钢铁工业非常重视，并致力于成为全球金属中心。在产量激增的情况下，印度本国对钢铁的需求也以较快的速率增长。2007年印度的钢消费量已经达到5520.3万t，2000年以来的年均增长达到8.24%。如图3.17所示，自1990年以来印度的钢产量和钢消费量均呈现明显的增加趋势，特别是2004年以后，增速进一步提高。同时从图3.17中也能够观察到，产量和消费量虽然以较为一致的增速在同步提高，但消费量在各年基本上均大于钢产量，两者之间差距约为300万t。说明，印度钢铁工业在为世界产出钢铁产品的同时，也对消化全球产能起到一定的作用。

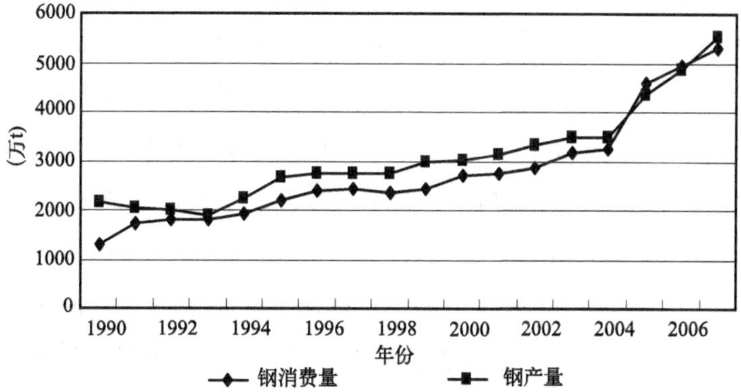

图 3.17　印度 1990—2007 年钢产量、钢消费量增长趋势

前文对发达国家钢消费量峰值期表现出的特征进行了分析，发现产业结构、人均 GDP 水平及城市化水平三个方面对钢消费量的发展均存在较大影响，并且这种影响存在着较为显著的规律。在此基础上前文还对中国的钢消费量做出了预测，并得出了符合中国发展实际的结论。我们将印度在国民经济发展水平、产业结构和城市化发展水平三个方面的发展状况与中国进行对比，希望通过讨论两者的共性和特性建立预测印度钢消费量的基础。

(1)印度国民经济发展水平的特征。印度在经历了尼赫鲁时期“印度教徒式增长率”的低速发展和 20 世纪 80 年代的缓慢增长过程以后，自 1991 年在发生国际支付危机的压力下，被迫实施以“市场化、私有化和全球化”为导向的经济改革，改革使得印度经济进入了持续、快速的增长阶段。从 20 世纪 50 年代仅为 3.5％的增长率发展到 2007 年的 9％，虽然受到世界金融危机的影响，2008 年回落到 7％，但总体来说增长势头依然强劲。国民生产总值也从20世纪70年代初期的不足1000亿美元发展到2007年的11710亿美元，人均GDP也达到1042美元，从图3.18可以看出，印度的GDP和人均GDP保持着较快的增长趋势，而这种趋势在近年更加明显。印度和中国一样，是个人口大国，所以虽然GDP总量已经位列世界第12位，但由于人口基数很大，使得人均国民收入只有950美元，位列世界第126位。从国民经济发展水平的角度看，印度与中国存在较多的相似之处。这两个世界最大的发展中国家正经历着前所未有的经济总量扩张，全球GDP排名不断上升，进出口额占全球的比重日益增大，同时市场规模也显著扩大。但由于人口基数的问题，人均水平均还处于较为落后的地位，见图3.18。

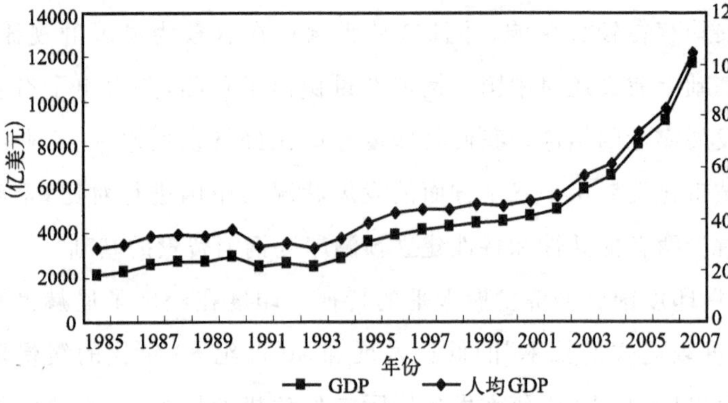

图3.18 印度1985—2007年GDP和人均GDP的发展趋势

同中国相似之处还在于，印度人均GDP水平与人均钢消费量之间同样存在着非常显著的正相关关系。通过考察印度1990—2007年人均GDP和人均钢消费量的历史数据(图3.19)，我们发现，多种函数用于对两个变量之间的关系进行回归分析，拟合优度都比较好，其中以二次函数、三次函数和乘幂函数的拟合程度最好。用中国同时期的数据进行研究，也能得到相似的规律，这三个函数对两者之间关系的判定系数均在 0.867 及以上。这不仅用数据证明了正相关关系的存在，同时也说明印度在人均 GDP 对人均钢消费量的影响方面与中国具有相似的特征，见表 3.10。

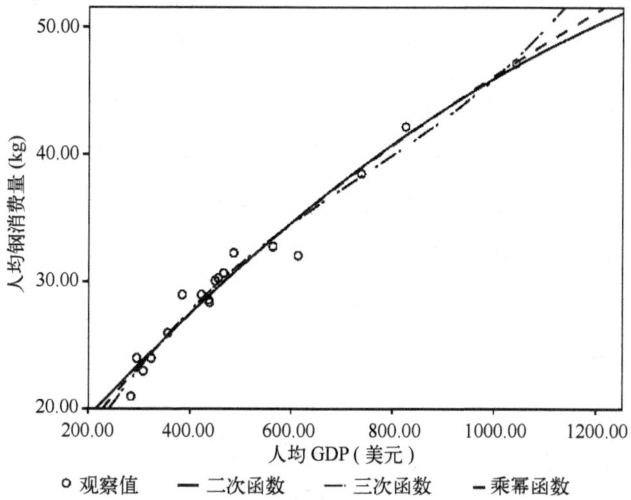

图 3.19 印度 1990—2007 年人均 GDP 与人均钢消费量回归关系

表 3.10 印度、中国 1990—2007 年人均 GDP 与人均钢消费量回归函数判别系数

判别系数	二次函数	三次函数	乘幂函数
印度	0.968	0.971	0.962
中国	0.920	0.967	0.867

(2)印度产业结构的特征。根据前文的研究结论,钢铁工业作为第二产业中具有代表性的产业之一,对其产品的需求达到顶峰时,往往是第二产业在国民经济中的比重最高的时期,之后随着工业化完成,结构发生调整,这一比重会有不同程度的下降。也就是说,第二产业的比重会有一个先上升后下降的过程,而钢消费量峰值则会发生在这个极值点的周围。美、英、德、法四国在达到钢消费量峰值时第二产业比重平均在39.85%(见表3.3),其后均有所下降。中国的第二产业比重一直较高,自2002年以来,更是呈现持续上升趋势,随着工业化程度的逐步提高,这一比重应该会有所回落。根据我国的长期规划,在2020年左右将第二产业比重调整至40%,接近发达国家峰值年份的均值水平,基本实现工业化。

印度经济结构的特征不同于发达国家和中国,自1960年以来,其产业结构发生了深刻的变化,从图3.20可以看出,第一产业比重

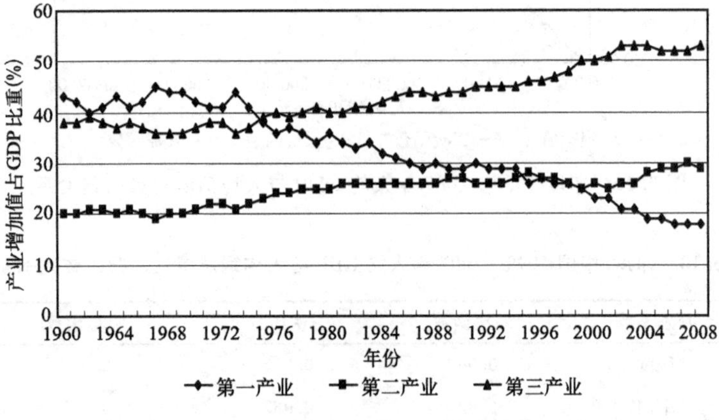

图3.20 印度1960—2008年国民经济结构变化

在近 50 年的时间内保持持续下降的趋势，从最初的 43%下降到了 2008 年的 18%。而第二、三产业都在持续增长，其中第二产业自 1997 年开始超越第一产业，位列第二，并在 2007 年首次达到 30%的比重。印度经济结构的发展中最重要的特征就是第三产业的崛起以及几十年的强劲增长，1975 年第三产业就超越了第一产业，成为国民经济中贡献度最大的部分，之后一直保持着较高的增长率，而近几年，更是和其他两个产业拉开差距，稳居第一位，于 1999 年超过 50%。在过去几十年，中国走了一条传统工业化发展的道路，即以制造业为核心带动其他产业的发展，最终带动整个国民经济的发展和产业结构的调整、优化与升级。而印度与则希望依靠软件业等信息产业和现代服务业的发展，绕过工业化阶段而直接进入后工业化阶段。这种经济发展模式为其在全球赢得了“世界办公室”的称誉，但同时也引起了一系列的问题。

首先，印度是人口大国，但优先发展服务业并未能创造出预期那么多的新的就业机会。英国《经济学家》有文章认为，印度的服务业在其 GDP 中的比重超过 50%，但印度的信息技术产业和电话服务中心这样的外包服务业，在印度整个服务业中只占很小的比重。从国际经验来看，第三产业的服务对象很大一部分来源于第二产业，而第二产业相对落后的印度，只能通过寻求海外市场来支撑其第三产业。在印度的第三产业中，许多服务部门都承接了大量的跨国外包业务，这些外向型的经济部门岗位有限，而且对从业人员的教育和专业训练要求较高，因此不可能从根本上解决以农村剩余劳动力为主体的社会就业压力，事实上目前印度人口中 60%仍滞留在农村。结合钢铁工业考虑，第三产业对钢铁产品的需求也非常有限。印度政府认识到，没有制造业基础的第三产业，根本无法推动国内经济长期全面的发展。要吸收大量的农村人口就业，必须发展加工制造业。林承节教授则认为："印度制造业不发展，再先进的信息技术在国内也发挥不了作用。如果只是做'世界后台办公室'，仅有软件服务外包业的快速发展，而制造业、传统服务业长期跟不上，那就最多只能在国内形成一块块孤立的现代化的繁荣小天地，走出那些小天地就依然是欠发达地区，那样的发展就不等于印度实现了现代化。"

其次，由于印度是第三产业为主导的国民经济结构体系，对第三产业的扶植和发展力度都最大，而长期以来对第二产业的忽视或重视不足，使得印度本国基础设施状况非常落后，虽然自1991年以来印度政府加大了基础设施投入，电信、电力与交通运输状况有所改善，但问题还非常多。电力依然紧缺，送配电损失大，平均缺电率超过10%，停电现象十分普遍，发电量增长缓慢。铁路设备老化，铁路安全隐患大。印度虽然拥有世界上最庞大的公路网，公路总长332万km，但高等级公路只有65569 km，只占2%，缺少高速公路。港口效率也很低，在2004—2005年度平均船舶周转时间为3.41天。这些基础设施的落后不仅没有办法满足人民的基础需要，反而对本国钢铁工业的发展起到了严重的负面作用。一方面，无法提供钢铁工业快速发展的便利设施；另一方面，落后的钢铁工业反过来又影响着基础设施的建设和完善。投资基础设施需求的资金来源除主要靠私人部门外，还需要扩大外国投资，但印度投资环境欠佳，流入印度的外国直接投资非常少。正如 UPS 亚太区总裁肯·托罗在博鳌国际会议"印度、中国以及亚洲其他地区的和谐发展"论坛中所认为的,中小企业在进入印度的时候最大的障碍是基础设施的欠缺。

虽然印度经济发展模式同中国存在较大差异,但同中国一样,都是世界上最受瞩目的新兴经济大国之一,不仅如此,因其与中国在地理上相邻,同时又与中国在历史传统、发展历程、人口规模以及幅员大小等方面有着诸多相似性,决定了两国在产业需求上的相似性。虽然印度的第二产业不像中国一样发达,但民众对于制造业产品的需求是一致的。近几年,印度政府已经出于产业平衡、扩大就业等方面的考虑,采取了一系列的改革措施,决定调整产业结构,大力发展制造业。而且根据发达国家的经验,各国国民经济发展到一定水平以后,产业结构的布局会逐步趋同,故预计在印度完成工业化进程时产业结构应与中国较为一致的推测是有依据的。

(3)印度城市化发展水平的特征。印度的城市化发展历程和中国也存在较多相似之处,两国都是在以农业为主的经济基础上发展起来的,均经历了大量农民放弃农产品种植,从农村来到城市从事第二产业和第三产业的过程。不同的是,中国自 1985 年以来,城市化进程速度较快,特别是 2000 年以后,城市人口出现激增,从图 3.21 中可以看出,发展过程中有一个跳跃的阶段,发展至 2007 年,城市化率已经达到 42.2%,专家预计在中国第十二个五年计划内,城市化率将达到 50%。而印度,在 20 世纪保持了与中国基本一致的发展速度，但却没有实现21世纪之后的跳跃式发展，城市化率仍然以较慢的速率逐步增长，2007年达到29.3%，只相当于中国1997年的水平。随着印度国民经济的进一步发展，以及产业结构调整向第二产业倾斜，越来越多的人口会涌入城市，随着工业化进程的推进，城市化率会进一步提高。

前文对中国的城市化率与钢消费量水平的关系进行了研究，并得到两者之间存在显著正相关关系的结论。通过分析1990—2007年的数据发现，印度同样存在这种规律，见图3.21。

表3.11中列出了印度和中国城市化率与钢消费量回归函数的判定系数，均在0.887及以上，说明拟合优度较好，相关关系显著，且中、印两国的两个指标间存在的规律也具有一致性，见图3.22。

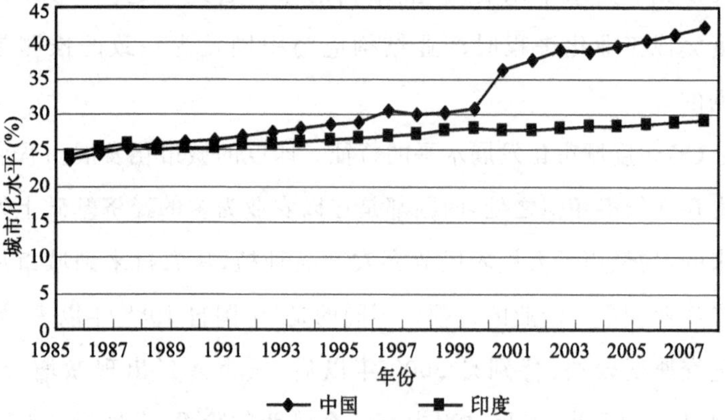

图3.21　中国、印度1980—2007年城市化发展水平对比

表 3.11 印度、中国 1990—2007 年城市化率与钢消费量回归函数判定系数

判定系数	二次函数	三次函数	复合函数
印度	0.950	0.952	0.887
中国	0.955	0.958	0.928

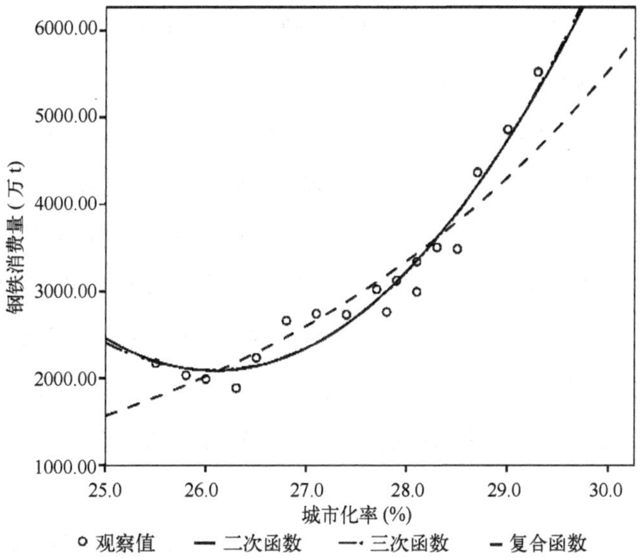

图 3.22 印度 1990—2007 年人均 GDP 与人均钢消费量回归关系

(4)对印度钢消费量峰值的预测。通过前文的研究我们发现，中、印两国在国民经济发展水平、产业结构和城市化发展水平等方面存在较多的相似性。虽然产业结构的发展历程存在较大差异，但前文已经提出，鉴于两国对工业产品的需求类似，且在工业化进程后期产业结构会趋同并稳定的情况，预计在印度完成工业化进程时产业结构应与中国较为一致是符合事实发展规律的。在国民经济和城市发展水平两个方面，两国表现出惊人的一致，说明在印度人均 GDP 和城市化率对钢消费量的影响存在同中国一样的规律。前文已经对中国钢消费量峰值进行了预测，得到了将于 2020 年左右达到约 8 亿 t 的结论。我们将印度自 1990—2007 年的各项数据进行了时间序列的回归，并假设当印度基本实现工业化、钢消费量达到峰值时各指标水平与中国保持一致，在此基础上对印度达到钢消费量峰值的时间进行估计。

通过将 GDP、人均 GDP、第二产业比重、城市化率、人口、钢消费量和人均钢消费量等七个指标过去 18 年的数据（第二产业比重的数据为 10 年）分别进行时间序列的回归，我们发现印度在 2034 年前后各指标达到的水平和中国 2020 年的预测数据非常相似，其中 GDP 和人均 GDP 水平较中国略高，但考虑到近年印度高速度的发展势头，这种情况也是较为可能出现的。第二产业比重、城市化率和人口都与中国持平，钢消费量和人均钢消费量也只比中国略低。

表 3.12 和表 3.13 给出了对印度 GDP 等七个指标进行时间序列回归所采用的函数以及相应的判定系数。可以看出，用函数对各指标进行拟合，判定系数都较高，最低的也在 0.8 以上，说明效果较为显著。

根据以上分析，我们可以得出以下结论：印度钢铁工业的需求量峰值很有可能发生在 2034 年左右，彼时钢消费量达到 8 亿 t 以上，人均钢消费量也在 550 kg 左右，通过研究中、印两国在国民经济发展水平、产业结构特征和城市化发展水平等方面的相似性，我们认为以中国钢消费量峰值时期各指标的水平作为预测印度的参考值,具有一定实际依据。

表 3.12 中、印两国在各自预测峰值时期各指标对比

	预计峰值出现时间	GDP（亿美元）	人均GDP（美元）	第二产业占GDP比重（%）	城市化率（%）	人口（亿人）	钢消费量（亿t）	人均钢消费量（kg/人）
印度	2034年	65851.79	5539.4	39.99	58.78	14.52	8.4	554.54
中国	2020年	54844.8	3782.4	40	60	14.5	约8	673.88

表 3.13 印度各指标时间序列回归参数表

	GDP	人均GDP	第二产业比重	城市化率	人口	钢消费量	人均钢消费量
函数	二次函数	二次函数	二次函数	三次函数	三次函数	三次函数	三次函数
判定系数	0.94	0.953	0.834	0.982	0.993	0.979	0.904

(5)对印度钢消费量峰值预测的进一步说明。首先,时间序列数据长度较短可能带来的预测的不准确性。由于多种原因,本节的分析是建立在印度1990—2007年18年的时间序列数据基础上的,以这样的数据长度对未来20～30年的情况进行预测,存在较大的出现偏差的可能性,虽然研究当中本文作者随时都在收集最新的数据,用以补充数据数量的不足,但可能性仍然存在。

其次,对印度的预测是建立在前文对中国预测结果正确的基础上的,故可能存在问题。对印度七个指标的时间序列回归分析,虽然拟合优度都较高，但对于2034年的选择是在同中国2020年达到峰值时期的指标水平进行对比的基础上进行的，而中国将在2020年左右达到钢消费量峰值是前文做出的预测，故以预测的结果作为再次预测的基础可能会存在问题。即使前次预测的结果存在较小的偏差也有可能对后次预测产生放大的影响，为降低这种误差，本文作者仍然选择使用收集最新数据，进行补充和修正的方法，以增加预测的可靠性。

再次，预测方法的选择问题。前文在讨论中、印两国在国民经济发展水平、产业结构特征和城市化水平三个方面的异同点时，分析了人均GDP和人均钢消费量、城市化率与钢消费量的关系，得到的回归函数的判定系数也都较高，在0.8以上，达到统计学认为显著的标准。但是对于钢消费量和人均钢消费量的预测并没有采用人均GDP和城市化率进行回归的方式，这主要是有两个原因。其一，用人均GDP和城市化率进行回归，预测未来10年以后的数据差别较大，且与事实不符，例如用人均GDP拟合时，以人均GDP达到3782美元(中国2020年水平)估计出的钢消费总量为18亿t，考虑到印度钢铁工业发展的实际，这一数值过大。其二，用人均GDP和城市化率进行拟合，需要首先对钢消费量达到峰值时人均GDP和城市化率水平有所假设，例如对中国进行预测时，就假设2020年基本实现工业化时城市化率达到60%，这种假设也需要有相应的研究成果作依据，而对印度进行分析时，作者并没有掌握相关资料，故无法做出假设。

三、巴西钢铁工业的发展规律

1. 巴西钢铁工业发展历程

在巴西建立完整的工业体系和实现国民经济现代化的过程中，钢铁工业由不发达逐步上升到居于主导地位，经历了一个时间较长的发展过程。巴西的炼铁业至今已有近百年历史。第一座炼铁炉建于1890年，第一次世界大战前，巴西只能炼铁。在20世纪20年代和30年代，相继建立了二十多家钢铁厂，但规模都较小。到1939年，巴西钢产量仅11万t。那时巴西工业化仍处于初期发展阶段。巴西的主要钢铁企业多建于第二次世界大战期间，但生产水平依然十分有限。到1960年，钢产量也只达到184万t。20世纪60年代后钢铁工业发展稍有起色。

巴西钢铁业的改革始于20世纪70年代，这一时期，巴西钢铁业正处在扩大钢铁产能的发展阶段。1970年巴西的钢产量为540万t，占世界钢铁总量的0.9%，世界排名第18位。到1980年，巴西的钢产量提高到1530万t，占世界钢产量的2.1%。在此期间，由于国有企业的建立并扩张，巴西钢铁工业经历了第一个投资繁荣期，年平均投资达到20亿美元以上。20世纪80年代，由于国内需求疲软，巴西钢铁业开始转向国际市场，巴西开始向钢铁净出口国转变，于1984年成为世界第5大钢铁净出口国，仅次于日本、比利时、卢森堡和德国。

1990 年，巴西开始实施钢铁工业私有化改革。首先对小型钢铁公司实施私有化改革；然后对米纳斯吉拉斯黑色冶金公司(Usiminas)、国家黑色冶金公司(CSN)等大型钢铁公司实施私有化。私有化对巴西钢铁业影响很大，主要表现为投资水平的恢复、产品结构合理化和生产率的提高。由此带来的第二个投资繁荣期也将投资目标从初级生产转向提高生产率的全连铸以及增加产品附加值的轧钢和镀层生产线，年平均投资达到 14.6 亿美元。整个 20 世纪 90 年代有 48%的投资在轧制领域，扩展了产品结构。这意味着，巴西钢铁业正在经历质变的发展阶段，生产率有了显著的提高。20 世纪 90 年代巴西的粗钢产量达到 2500 万 t，雇员由 1990 年的 13.2 万人缩减到 1998 年的 6.3 万人，劳动生产率由 158t 钢/人·年增加到 423t 钢/人·年。

2002 年以来，巴西进入了第三个投资繁荣期。在这个阶段巴西钢铁业的发展出现了三个特点：首先是产品结构的扩展，在镀锌钢、扁平钢、特殊钢等企业引入新的生产线，产品结构日渐丰富，且出口钢产品的附加值较高；其次是钢铁业通过重组，产业集中度高；最后，巴西钢铁工业从最初的吸引外资转向国际化经营。这些都表明，巴西钢铁业的竞争力得到了较大的提升。

2. 巴西钢铁工业发展现状

2008 年巴西成为世界第 9 大钢铁生产国，其钢产量占世界钢产量的比重为 2.54%。巴西是新兴发展中大国之一，由于近年来经济持续向好，国内钢材需求量迅速增长，钢材人均消费需求量不断提高,进一步促进了巴西钢铁产量的增长。2005 年巴西已经成为世界第 4 大钢铁净出口国,每年出口钢材和半成品(主要是板坯)约 1000 万 t。

(1)产量。巴西钢铁工业有较好的基础,装备基本上实现了现代化。2006 年以来,巴西钢铁产能逐渐扩大。2006—2007 年,巴西钢铁总产量增加了 9.3%,为 3378.2 万 t(见图 3.23)。其中,图巴朗黑色冶金公司(CST)年均增产 250 万 t,盖尔道公司年均增产 150 万 t,国家黑色冶金公司年均增产扁平材 450 万 t,蒂森·克虏伯(Thyssen Krupp)巴西公司年均增产 500 万 t,米纳斯吉拉斯公司年均增产 600 万 t。2007 年,巴西铁产量占全球总量的 19%,居世界第 1 位;钢产量占 2.5%,居世界第 9 位。2008 年受到全球金融危机的影响,巴西钢产量略有下降,也达到了 3371.3 万 t。但是长期来看,受国内较快增长的需求影响,巴西钢铁公司正在纷纷实施大规模扩产计划。巴西国家黑色冶金公司的两家年产能 450 万 t 的板坯厂预计分别在 2010 年和 2011 年投产,该公司还计划新建第 3 家板坯厂,投产后年产能将达 300 万 t;蒂森·克虏伯公司计划提高巴西板坯厂产能,2009 年 3 月投产后,年产能将增加 500 万 t。安赛乐(Arcelor)巴西公司也在着手进行热轧和镀锌产能的扩建项目,项目建成后,将分别增加 200 万 t 和 25 万 t 的热轧和镀锌年产能。安赛乐—米塔尔(Arcelor Mittal)公司也在巴西实施大规模扩产计划,计划将巴西图巴朗钢厂(Tubarao)的年产能从 500 万 t 提高至 750 万 t,该项目于 2008 年初开工建设,2010 年竣工。

从图 3.23 可以看出,巴西的钢产量虽然有所波动,但基本上保持上升的趋势,特别是近几年,增长的趋势愈发明显,但是占世界钢产量比重却有所下降,这是由于近年中国、印度和俄罗斯等国产量大幅增加,增长率较高。从1998年到2008年,中国钢产量的增幅达到336.8%,增长了三倍多;印度和俄罗斯也分别增长了134.5%和56.3%。而巴西的这一数据仅为30.9%。所以虽然钢产量在增长,但是占全球的比重却有所下降。正是意识到这一问题,希望提高在国际钢铁工业中的地位和份额,2007年巴西政府在其"加速经济增长计划"中提出了巴西钢铁业发展规划,在2008—2012年期间,巴西钢铁业计划投入289亿美元,使年产钢量提高到6600万t。到2013年,巴西将成为世界上第4大产钢国,仅次于中国、日本和美国。此外,为鼓励出口,将巴西钢铁产品工业税从5%降至零,从而增强了巴西钢铁产业的国际竞争力。

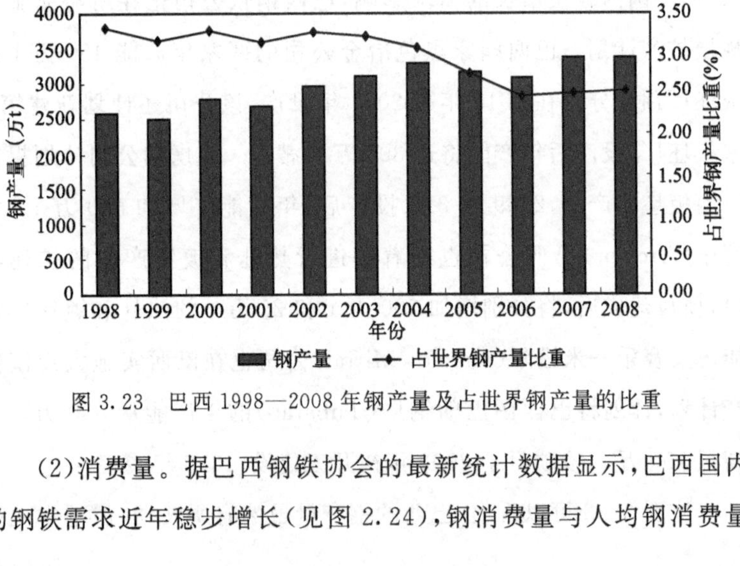

图3.23 巴西1998—2008年钢产量及占世界钢产量的比重

(2)消费量。据巴西钢铁协会的最新统计数据显示,巴西国内的钢铁需求近年稳步增长(见图2.24),钢消费量与人均钢消费量基本保持一致的增长步伐，特别是2005年以后，增长的速率进一步提高。2007年巴西国内钢铁需求增长了8%左右，达到了2372万t，人均钢消费量达到123.7 kg。其中，成品板材销售量从2006年的1030万t增至1210万t，同比增长17.3%。这主要是因为以汽车、造船和建筑业为主的下游产业的扩张拉动了巴西国内的钢铁需求。其中，汽车制造业是巴西国内最大的板材消费者，2007年巴西汽车产量同比增幅达10%以上。这刺激了巴西高附加值钢材如冷轧卷和热浸镀锌板的需求增长。2007年，巴西政府决定扩大巴西国家石油公司(Petrobas)的船运能力，其第一阶段的扩张计划将在未来4年中消费中厚板40万t，因此自2007年以来，巴西国内中厚板的需求呈现强劲增长态势。除了板材产品之外，巴西国内长材销售量也明显增加，2007年长材销售量同比增长了16.8%。根据巴西钢铁协会的预测，巴西国内钢材需求量还有很大的上升空间，未来4～5年内，巴西国内的钢材人均消费需求量将从目前的100多千克增至200多千克，见图3.24。

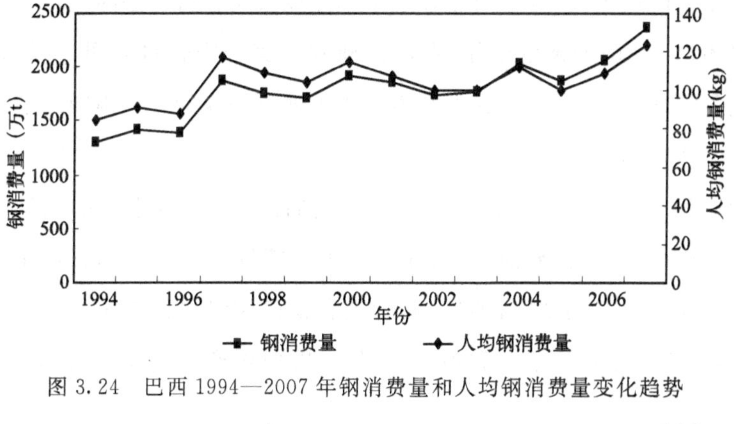

图3.24 巴西1994—2007年钢消费量和人均钢消费量变化趋势

(3)产业集中度。根据2007年世界各主要钢铁生产国,产能排名前3位的钢铁生产企业的数据计算出产业集中度,巴西的钢铁产业集中度在世界排名第1,为94.4%(见表3.14)。这说明,巴西钢铁工业进一步提高产能的潜力较大,具有较强的行业控制力和全球竞争力。

表3.14 2007年巴西与世界其他钢铁生产大国的产业集中度比较

国家	巴西	韩国	印度	日本	乌克兰	俄罗斯	德国	美国	中国
产业集中度(%)	94.4	88.8	85.1	68.1	64.6	64.2	55.6	47.3	15.2

巴西是钢铁上游资源丰富的国家,近年来,大量外国钢铁企业纷纷在巴西投资建厂。例如,2007年,中国宝钢和巴西淡水河谷矿业公司合资成立了宝钢－维多利亚钢铁公司,计划于2009年上半年开工,2011年底建成投产;日本新日铁公司(Nippon)斥资84亿美元用于巴西投资建厂计划,包括在旗下巴西米纳斯吉拉斯冶金联合公司新建两座大型高炉,双方还计划合资经营汽车板厂,使汽车板年产能增至90万t;日本住友金属工业公司也将与法国瓦卢雷克集团(Valourec)携手合作,在巴西建立一家合资管材公司,预计粗钢年产能为100万t。这意味着未来巴西钢铁业的产业集中度还将进一步提高。

(4)生产成本。巴西拥有丰富且高品质的钢铁生产的上游资源,其铁储量居世界前列,已探明铁矿砂储量为650亿t,其产量和出口量居世界第2位;铀矿、铝矾土和锰矿储量居世界第3位。此外,还有较丰富的铬矿和镍矿。因此,巴西生产的钢铁产品具有他国不可比拟的低成本优势，其中铁矿石和板坯最具国际竞争力。根据巴西钢铁协会的数据，巴西生产的每吨板坯的成本只需200～240美元，比世界其他国家和地区的平均成本（300～350美元）低60～150美元。这种成本优势使巴西能够在日趋激烈的国际市场竞争中保持其竞争力。由于原料成本和劳动力成本大大低于世界平均水平，巴西钢铁企业每吨钢铁的运营总成本比世界平均水平低95美元（见表3.15）。

表3.15　2006年世界主要钢铁生产国（地区）的钢铁成本要素结构比较

（单位：美元/t）

项目	巴西	俄罗斯	欧洲	韩国	日本	美国	世界平均成本
原料成本	134	198	223	264	186	253	213
能源与还原剂成本	94	80	94	77	94	78	88
人力资源和管理费用	56	64	88	73	100	100	77
运营成本	284	342	405	414	380	431	378
折旧和利息	53	46	56	51	89	53	55
总成本	337	388	461	465	469	484	432

（5）贸易状况。巴西是世界第4大钢铁产品出口国，其钢铁产品的41%用于出口，每年出口钢材和半成品（尤其是板坯）约1000万t。2006年，钢铁和冶金业的出口额占巴西出口总额的11%，为巴西社会创造了45万个直接就业岗位和200万个间接就业岗位。2007年，虽然产量提升了，但由于国内需求旺盛，为了优先满足内需，巴西减少了钢铁产品的出口量。其中，板材出口量为290万t，同比减少了23.6%；板坯出口量降至360万t，

降幅为2.2%;小方坯和大方坯的出口量大幅减少了26.9%。巴西钢材出口量逐年增长,主要得益于巴西货币兑美元疲软,及中国钢材进口需求旺盛。目前中国已成为巴西最大的冷轧出口市场。出口市场需求足以消化巴西新增钢材产量,且还有能力消化未来更多的新增产量。而在巴西国内,高利率阻碍经济高速增长,受其影响,钢材需求不断萎缩,也使得巴西工业制造业者将销售目标锁定海外市场。

3. 巴西钢铁工业消费量峰值预测

依据前文所述,巴西历经三个投资繁荣期,依靠丰富的上游资源和国民经济的快速发展等有利条件,迄今已经成长为世界第九大钢铁生产国,生产能力和消费能力都得到了大幅提升。2008年巴西的产量已经达到3371.3万t,虽然2009年受到国际金融危机的影响,产量有所下降,但仍保持在较高水平。同期的消费量也稳步增长,从90年代初期的1000万t增长至2007年的2372万t(见图3.25)。同时从图中也可以发现,虽然产量和消费量都以一定的速率在增长,但产量始终比消费量高出1000万t左右,差额约占总产量的1/3。但据巴西钢铁协会的预测,在较短时间内,巴西国内的钢材人均消费需求量将从目前的100多千克增至200多千克。现有数据和发展趋势表明,巴西已经成长为钢铁生产大国,且自身需求量受到下游产业的拉动仍有较大的上升空间,但是对于消化世界产能作用仍然有限。

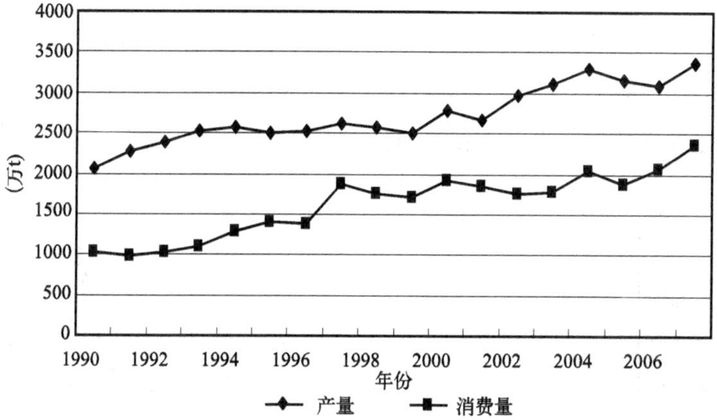

图 3.25 巴西 1990—2007 年钢产量、钢消费量增长趋势

(1)巴西国民经济发展水平的特征。20 世纪 60 年代，由军人统治的巴西政府开始的工业现代化，带给巴西史上第一次经济飞跃，1968—1973 年，巴西国民生产总值年均增长 10%，被誉“经济奇迹”。然而，军政府走的是“高投入，高增长”的经济建设之路，巴西经济很大程度上以负债形式依附于外国资本。在 20 世纪 80 年代，因为墨西哥债务危机的席卷而最终演变成了一场让巴西整个国家接近破产的严重债务危机，整个 80 年代，巴西经济基本陷入停顿。进入 20 世纪 90 年代，巴西经济开始复苏，但是亚洲金融危机直接影响了巴西的金融体系，受此因素影响，巴西经济在 20 世纪 90 年代后期又经历一轮较大波动。GDP 先是从 1998 年的 7782.09 亿美元降到 1999 年的 5294 亿美元，小幅回升后又降到 2002 年的谷底 4608 亿美元。人均 GDP 在 2002 年为 2640.84 美元，只相当于巴西在 1988 年的水平。虽然巴西经济在 20 世纪八九十年代都历

经波折，还曾出现负增长，但从2004年开始，巴西经济明显回升，且人均GDP在突破3000美元大关时并没有出现之前的动荡，至2007年GDP达到13142亿美元，人均GDP达到6859.08美元，经济增长速度保持较高水平和较好的稳定性，见图3.26。

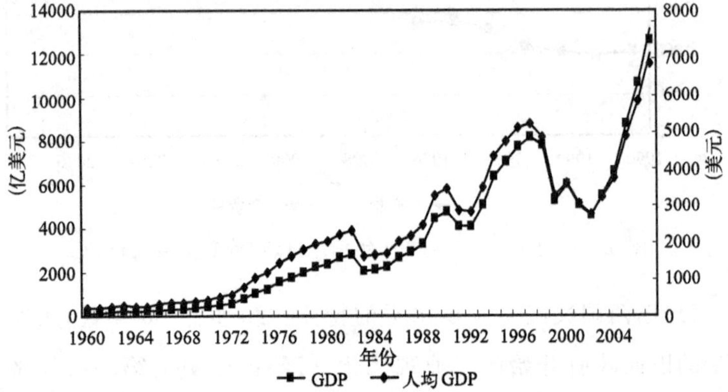

图3.26 巴西1985—2007年GDP和人均GDP的发展趋势

但是，我们通过对巴西1990—2007年的各项数据进行分析，并没有发现同中国和印度以及部分发达国家相同的规律，即GDP和钢消费总量、人均GDP和人均钢消费量之间的拟合回归关系并不显著。这主要是因为巴西整个20世纪80年代的经济衰退以及90年代的经济动荡造成的。巴西是陷入“拉美化陷阱”的典型国家，在进行经济改革为确保经济增长的同时，社会形势不断恶化，最终改革结果与预期相去甚远。通过大举外债的方式，巴西曾经在20世纪70年代创造过经济奇迹，但是当外债的雪球越滚越大，巴西开始过度依赖外国资本的时候，自身的免疫力极其低下。同时一味追求增长速度,却对与国情不相适应的经济增长带来的一系列社会问题熟视无睹或者无计可施,都造成了巴西发展中的后劲不足,一旦危机爆发,对国民经济的影响非常巨大。正因为巴西与中国及印度的根本发展路径不一致,经济改革的方向大相径庭,我们对于数据的分析才没有得出较为一致的结论。2003 年以后,巴西经济发展基本走上正轨,针对近年发展情况,专家做出预测:巴西经济发展中的三大痼疾即债务负担沉重、高通货膨胀及贫富极度悬殊均有所缓解,宏观经济趋于稳定。这为未来经济稳步增长奠定了基础,同时也增强巴西抵御不利的国际环境对经济产生冲击的能力。如果世界经济波动不大,巴西经济可以保持较快的稳步增长。我们将巴西 2003—2007 年的数据进行了研究,发现 GDP 与钢消费量之间的相关性显著提高,三次函数的判别系数达到了 0.81,对于人均 GDP 与人均钢消费量之间的拟合,三次函数的判别系数也达到了 0.72。这也从一个侧面证明了前文对钢消费量进行预测的基础之一,正常经济发展的模式下,GDP 增长对钢铁工业发展具有显著作用。但是时间序列中只有 5 年的数据,无法做出较为准确的预测。

(2)巴西产业结构的特征。由于过分看重经济增长的速度以及提高政绩的需要,巴西政府为追求看得见的经济增长效果,不顾全面发展和国民经济结构的合理调整,一味靠投入和干预来谋求当前的经济增长,忽视了经济增长的可持续性,以及增长与发展之间的协调性,在经济高速增长时期将资金集中投向工业,依靠工业生产总值的增长拉动 GDP 的增长。但由于经济结构发展的不协调性，单一或少数部门对经济增长的贡献率偏高，而政府的政策倾斜也十分明显。这样，一旦这些受依赖的部门出现变化和问题，经济增长就会受到严重的影响。

在20世纪80年代和90年代前期，政府对工业的期望和重视日益加强，第二产业占GDP比重保持在42%左右（见图3.27），农业在国民经济中的地位继续下降，已经下降至10%以下，现代化的工业体系逐步在巴西确立。但是，受内向发展模式的制约以及政府的政策导向因素影响，巴西本国工业部门的扩张十分有限，工业体系并不具备国际竞争力，没有一个均衡的体制和完整的工业体系支撑其经济的发展，第二产业对经济的贡献率从宏观上得出的结果并不与我们普遍认知的标准相吻合，而是其中单一或是少数部门拉动的结果，这使得巴西经济变得十分脆弱。长期重视

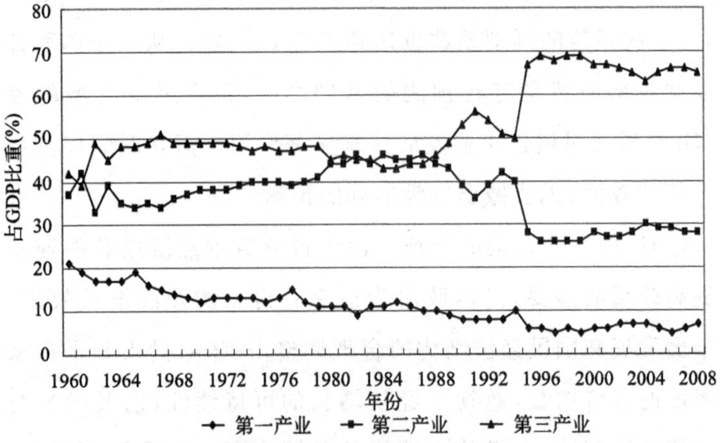

图3.27　巴西1960—2008年国民经济结构变化

工业投入的结果使得巴西政府把大部分的资金都投向工业领域以促进工业化进程，由此造成巴西经济结构中第一产业和第三产业薄弱，而第二产业在经历长时间持续增长之后缺乏基础支撑。尽管政府十分重视工业的发展，其制造业始终没有形成竞争优势，制造业的不发达不仅无法支撑经济的较快增长，而且也不利于巴西利用国际市场促进国内产业结构调整。同时，由于政府过于强调工业化，忽视了农业的发展，农业产业收益过低，农民为谋生存盲目向城市集结，使得巴西的城市化步伐过快，消费水平超前，导致一些本来具备优势的城市畸形发展，产业结构失衡。

20 世纪八九十年代巴西进行的不符合国情的经济改革对国民经济的结构造成了许多不利的影响，在工业无法担当起支撑经济发展的重任时，农业和服务业的发展也受到限制。1995 年以后这种情况发生了变化，第三产业占 GDP 比重得到大幅提升，一度接近 70%。而第二产业的比重降低至 30%以下，进入 21 世纪后呈现出较为缓慢的增长趋势。

巴西虽然一直非常重视第二产业在国民经济中的作用，为钢铁工业的发展创造了较好的外部条件，但是对第二产业的大幅投资并没有带来整个产业的兴旺，只是极少数部分在支撑发展速度，并且由经济改革带来的一系列社会问题也对巴西国家的基础设施建设等方面带来了阻碍，而这些方面正是钢铁的消费主体。进入 21 世纪以后，第三产业的崛起使之在国民经济中占有绝对的优势，但是第三产业对于钢铁的需求量是非常有限的，直接造成了巴西内向型消费模式动力不足。同印度一样，虽然第三产业发展迅速，但是巴西在城市化进程非常规发展中面临着众多问题，例如服务业无法彻底解决的非农人口就业问题，基础设施建设的投入不足问题等。根据前文的论述，近年巴西在优质矿产资源的支撑下，国家大力扶持钢铁工业的发展，不仅利用成本低等优势扩大产能，而且积极拉动国内对钢铁的消费，从而带动汽车、机械制造等一系列产业的发展。在这些因素的影响下，巴西第二产业比重应该会持续并稳定地提高，反过来又会对钢铁工业的发展产生积极影响。

(3)巴西城市化发展水平的特征。巴西是战后发展中国家城市化发展速度最快和目前发展中国家城市化水平最高的国家之一，城市化率由1960年的56%提高到2007年的85.1%。巴西1985—2007年城市化水平发展趋势如图3.28所示。巴西城市化的特点在于：一是大城市化。农村人口集中进入大都市，9个大都市占全国人口的29%。二是形成了大城市群。大城市周围出现若干小城市，组合为城市群。三是沿海地带城市密集，近来向内地延伸。城市化在我国《规划术语》中被明确定义为“人类生产和生活方式由乡村向城市型转化的历史过程，表现为乡村人口向城市人口的转化以及城市不断发展和完善的过程。又称城镇化、都市化”。由此定义可知，城市化进程是在国家经济发展到一定成熟阶段，经济结构进行适应性调整，农业比重稳中有降的基础上，发生的人口自然流动和转化过程。但是巴西的城市化进程却存在着许多突出问题。

首先，20世纪80年代的经济改革中，巴西政府对第二产业的

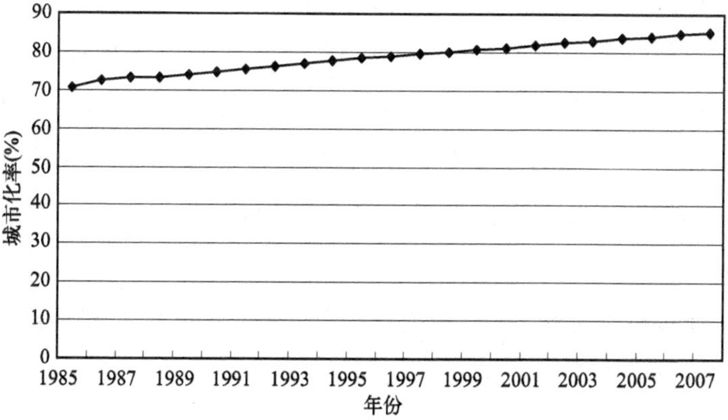

图 3.28　巴西 1985—2007 年城市化水平发展趋势

倚重,使得对工业的投资过大,侵占了农业的份额,农业比重的持续大幅降低,产业收益的降低,使得大量农村人口被迫放弃土地,向城市集结,这种乡村人口向城市人口的转化过程不是经济发展的结果,而是国家产业结构政策出现失误直接造成的。

其次,大量的农村人口来到城市,使得巴西的城市化步伐过快,消费水平超前,引发了贫富差距过大等社会问题,贫困人口多数集中于城市。这些贫民大部分住在贫民窟,即临时搭建的简陋住房的集中地。房屋建筑无序、占用他人或公共土地,缺乏卫生等基础服务设施。他们也成为社会不安定的重要因素。同时,在大量农村人口流向城市的时候,产业结构的畸形发展使得城市中就业机会严重不足,虽然政府积极推进工业化进程,但是重点却是资本和技术密集型的部门,创造的就业机会少,又因为传统的第二产业在国际上的竞争优势逐渐减弱,难以拓展就业,使得第三产业的压力加大。第三产业本身对解决人口就业贡献有限，而且巴西第三产业中的非正规部门很多，无法规范管理，故又引发了一系列的社会矛盾。由此可见，巴西虽然城市人口占到了全国人口的85%以上，但是并不是真正意义上的城市化水平较高，这种不相适应还将带来一系列的问题，阻碍城市的进一步发展。

通过以上分析可知，根据前文的结论，城市化率和钢消费量之间存在着非常显著的正相关关系，一般来说城市化率越高，城市中需要的钢铁就越多，就越利于钢铁工业的发展。事实上，通过对巴西1990—2007年的数据进行分析，我们也发现巴西同样存在这样的规律，如图3.29所示。表3.16中列出了巴西城市化率与钢消费量回归函数的判定系数，均在0.885及以上，说明拟合优度较好，相关关系显著。

表3.16 巴西1990—2007年城市化率与钢消费量回归函数判定系数

判定系数(R^2)	二次函数	三次函数	S型函数
巴西	0.885	0.885	0.887

但是，显然巴西的高城市化率并没有起到应有的促进钢铁工业发展的作用。部分发达国家在达到钢消费量峰值时，城市化率只有70%左右的水平，但是人均钢消费量达到了约660 kg，中国的城市化率只有42.2%时，人均钢消费量也达到了291 kg。而巴西城市化率高达85.1%，人均钢消费量在2007年只有123.7 kg。这就说明，巴西的城市化人口对钢铁的消费能力并没有完全释放

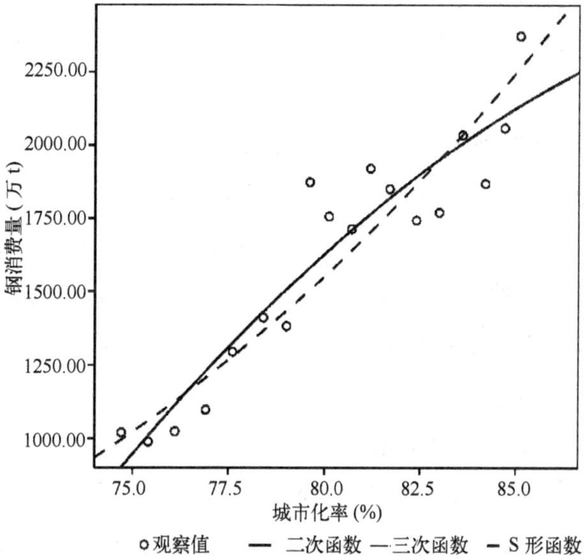

图3.29 巴西1990—2007年城市化率与钢消费量回归关系

出来。部分原因在于，巴西只是大多数的人口定居在城市，但是与之相配套的基础设施建设，例如交通设施、居民住宅以及保障人口安全、稳定和卫生等设施还处于非常低级的状态。贫富差距过大造成只有少数人掌握社会绝大多数财富，必然使得大多数人对钢铁等必备原料的消费乏力。即使近年巴西政府有意扶持钢铁工业，钢产量也一直比钢消费量高约1000万t左右，内需增长依旧缓慢。综上所述，巴西的城市虽然拥有全国绝大多数的人口，但是城市发展水平总体较低，并不能满足这么多人口在城市生活的需要，同时贫富差距等问题又较大地制约了人口对钢铁的消费。随着巴西经济的发展，城市总体水平的提高，必然需要大量的钢铁消费作支撑，但由于矿产资源丰富、生产成本较低等因素，使得巴西钢产量同步增长，足够满足本国需要，故吸收世界产能的能力有限。

(4)对巴西钢消费量峰值的预测。正如前文所述，巴西由于经济改革不适应国情的原因，国民经济发展水平在 20 世纪八九十年代发生动荡，一度出现负增长的情况。产业结构也在政府倾向性产业政策的影响下，出现了第二产业比重先高后低的非正常调整。虽然巴西是世界上城市化率较高的国家，但实际的城市化发展水平与城市人口的需求并不相适应。本文进行钢消费量峰值预测的三个主要依据在巴西都出现了较反常的情况，但是用 2004 年经济稳步回升之后的数据进行分析，就可以得到与前文结论一致的规律，由于时间序列数据长度过短(只有 5 年)，所以在此基础上进行预测存在较大困难。鉴于巴西经济发展的特点，我们对其峰值的预测以部分发达国家(美、英、德、法)在峰值时期达到的人均钢消费量水平作为参考值，来估计巴西在峰值时达到的消费水平。美、英、德、法等发达国家在 20 世纪 70 年代早期先后达到消费量峰值，峰值时人均钢消费量平均水平为 547.75 kg。通过对巴西的时间序列数据进行回归，发现在 2032 年前后，巴西人均钢消费量达到 523.3 kg，基本和发达国家水平持平，人口约为 2.6 亿人，由此得出的钢消费总量约为 1.18 亿 t。并将巴西钢消费总量自身进行时间序列回归，在 2032 年前后的预测值为 1.23 亿 t，与用人均水平换算得到的结果相差不大，见表 3.17。

表 3.17 巴西各指标时间序列回归参数表

	人口(亿人)	人均钢消费量(kg)	钢消费总量(亿 t)
函数	三次函数	三次函数	三次函数
判定系数(R^2)	0.989	0.782	0.891
2032 年预测值	2.26	523.3	1.23

巴西在 20 世纪由于陷入“拉美化陷阱”，经济发展出现较大波动，造成 GDP 水平、产业结构比例和城市化水平都与部分发达国家和中国表现出的规律有较大出入，但是分析波动之后稳步增长的数据，前文得出的规律依旧存在。由于时间序列数据长度过短，我们只能以部分发达国家的人均水平估计巴西峰值时的水平，通过消费总量的自身时间序列回归，得到的预测值与人均水平换算的差距不大，说明这种预测虽然较为简单，但仍具有较高的准确性。

四、俄罗斯钢铁工业的发展规律

1. 俄罗斯钢铁工业发展历程

苏联曾是全球著名的钢铁生产大国，钢铁工业作为苏联最为重要的重工业部门之一，为苏联卫国战争的胜利和战后的经济发展发挥了极为重要的作用。1988 年，苏联的钢产量曾达到创纪录的 1.67 亿 t；1991 年和 1992 年，苏联的钢产量虽有所下降但也在 1 亿 t 以上，分别为 1.33 亿 t 和 1.1 亿 t。作为苏联当时 15 个加盟共和国中土地面积最大、人口最多、经济实力最为强大的俄罗斯联邦，经过苏联时代近70年的建设，其钢铁工业拥有了一个相当雄厚的基础，仍是世界上重要的钢铁生产国之一。

分析认为，苏联解体后俄罗斯钢铁工业的发展进程，大致可分为钢铁产量持续下降、钢铁产量恢复性增长和钢铁工业重新崛起三个阶段。

第一阶段为1991—1998年。这一阶段由于俄罗斯的政治和经济危机不断，俄罗斯国内对钢产品的需求量不断缩减，导致钢铁企业的生产水平大幅下降，钢产量从1991年的7710万t下降到1998年的4382万t，其间1995年钢产量略有反弹。20世纪90年代后期的金融危机对俄罗斯钢铁工业再次造成严重冲击。1998年，俄罗斯钢铁工业的产量创出自苏联解体以来的新低，全年仅生产了3483万t生铁、4382万t钢、3411万t钢材和282万t钢管，分别比1997年下降了6.7%、9.54%、9.86%和18.74%。1998年，俄罗斯主要钢铁生产企业的钢铁产量都有相当幅度的下降，其中大部分钢铁企业的经营都陷入困境，1998年俄罗斯钢铁企业的亏损面大幅上升，达到创纪录的44.9%。

第二阶段为1999—2003年，也是俄罗斯钢铁工业生产恢复性增长的阶段。其标志是俄罗斯的钢产量从1998年的4382万t回升到了6283万t，接近苏联解体初期时的俄罗斯的钢产量指标，而且钢材产量还从1998年的3411万t增至2003年的5110万t，超过1992年的4680万t。由于这一时期俄罗斯国内政治局势比较稳定，国民经济也有所复苏，因此俄罗斯国内钢材消费量开始增长。俄罗斯钢铁企业的产销量开始大幅回升,并且受国际钢铁市场行情走高的影响,俄罗斯钢铁企业的总体经济效益开始不断好转,钢铁工业成为俄罗斯工业生产增长的领头行业之一。

第三阶段为2004年至今,也是俄罗斯钢铁工业重新崛起并引起全球广泛关注的阶段。随着俄罗斯国民经济近年来的强劲增长,俄罗斯钢铁工业也恢复了元气。随着自身实力的不断增强,作为世界第四大钢铁生产国的俄罗斯,在推动全球钢铁工业并购重组中的作用也日益明显。俄罗斯政府对钢铁工业的重新崛起也寄予厚望,努力推动钢铁企业间的并购重组,并鼓励俄罗斯钢铁企业积极向海外扩张,从而建立几个具有世界影响力的钢铁大集团,使俄罗斯成为一个可以影响世界钢铁业发展进程的钢铁巨人。近年来,俄罗斯钢铁企业在国内外的并购重组已呈风起云涌之势,其实力迅速增强并加速向外扩张的态势已引起了国际钢铁界的广泛关注。

2. 俄罗斯钢铁工业发展现状

俄罗斯的钢铁工业抓住21世纪国民经济开始逐步复苏这难得的发展机遇,通过国内外兼并重组、强化企业经营管理、大力实施现代化技术改造、提高企业劳动生产率和产品质量等措施,使钢铁工业的经济效益和实力大为增强。此外,近年来多家俄罗斯钢铁企业通过建立现代企业制度,规范经营管理,从而成功实现了在国内外资本市场上直接融资,为俄罗斯钢铁工业的进一步发展和崛起筹集到宝贵的资金。

(1)生产量。1998年以后，俄罗斯由于政局逐渐稳定，钢铁工业生产进入到恢复性增长的阶段，2004年以后加快了发展的速度，受到全球广泛关注，从图3.30中可以看到，俄罗斯的钢产量一直保持增长的趋势，特别是2003年以后，增速进一步提高。虽然受到世界金融危机的影响，2008年产量有所下降，但仍然是世界第四大钢铁生产国。2008年俄罗斯粗钢产量为6870万t，与2007年相比下降了5.1％，其中：转炉钢产量为3890万t，与2007年相比下降了5.6％；电炉钢产量为2000万t，同比增长了2.3％；连铸坯产量为4880万t，同比下降了5.3％。2008年转炉钢和电炉钢在俄罗斯钢产量所占比例上升了1.9个百分点，从2007年的83.9％增长到85.8％；连铸比则下降了0.2个百分点，从2007年的71.2％下降到71％。2003—2008年俄罗斯粗钢和连铸坯的产量情况见表3.18。

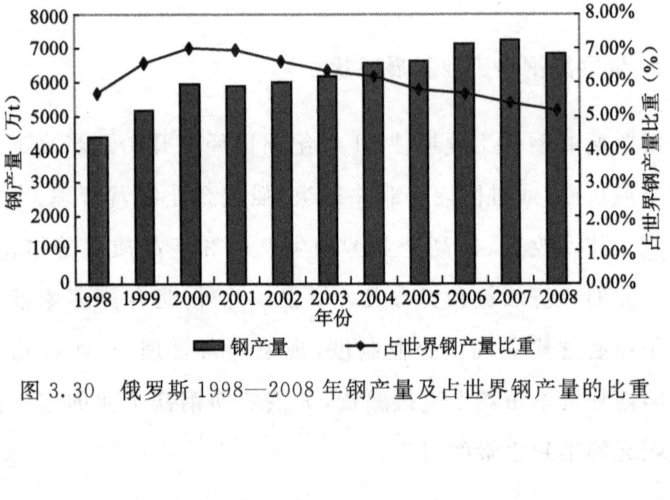

图3.30　俄罗斯1998—2008年钢产量及占世界钢产量的比重

从 2008 年下半年开始，俄罗斯钢铁工业开始感受到世界金融危机的影响，俄最大钢铁公司之一的马格尼托戈尔斯克钢铁公司于 2008 年 10 月宣布减产 15%，裁员 10%。进入 2009 年，这种不利影响仍然在继续，俄罗斯能源工业部副部长表示，由于国内经济和全球需求下行，俄罗斯将缩减 2009 年主要工业金属产量。而俄罗斯国家统计局 2009 年 6 月 19 日报告称，俄罗斯 2009 年 5 月份钢铁产量达到 460 万 t，同比下降了 29.5%；钢轧辊产量为 400 万 t，同比下降了 27.2%；钢管产量达到 47.1 万 t，同比下降了 35%。俄罗斯国内对钢铁的需求不足，使得钢铁生产商只能将更多的目光投向国外，而全球市场黑色和有色金属价格急剧下降和半成品钢材的需求下降，向国外出口产品面临亏损，钢铁公司对欧洲和美国的出口已经减少，主要的出口市场只剩下亚洲。近期，俄罗斯密切关注中国政府是否出台新的经济刺激方案，以及中国与澳大利亚、巴西和南非的煤炭和铁矿石供应商的谈判。俄罗斯钢铁生产商认为，他们的未来取决于中国对廉价俄罗斯钢铁的需求量，而这也直接决定了俄罗斯钢铁产量在近年的变化趋势。

表 3.18　2003—2008 年俄罗斯粗钢及连铸坯的产量统计(万 t)

	2003	2004	2005	2006	2007	2008
粗钢	6283	6560	6620	7080	7240	6870
氧气转炉钢	3860	3960	3920	4170	4120	3890
电炉钢	1006	1150	1350	1510	1930	2000
连铸坯	3623	3960	4370	4840	5140	4880

(2)消费量。1991 年年底苏联解体,受到政局巨变的影响,俄罗斯大幅减少对制造业的投资,军需生产和出口减少,工程建筑和汽车业生产下降,钢消费暴跌。俄罗斯对钢铁的消费量曾经大幅下降(见图 3.31),到 1998 年跌至谷底,钢消费量仅 2528 万 t,人均只有96 kg。1999 年以后,随着政局的稳定,国家经济开始复苏,对钢铁产品的需求也逐渐回暖,总消费量和人均消费量都稳步上升,2007 年分别增长为 5374.1 万 t 和 375.2 kg,特别是人均钢消费量短短十年就增长了 2.9 倍。

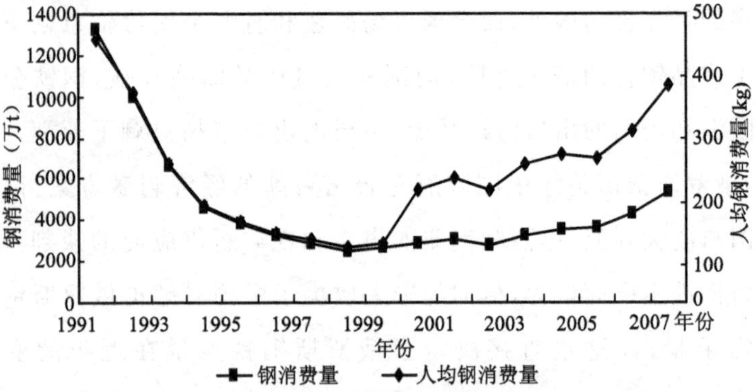

图 3.31 俄罗斯 1991—2007 年钢消费量和人均钢消费量变化

近年来,由于受俄罗斯国民经济强劲增长的影响,俄罗斯国内对钢产品的需求量大幅度增长。对国民经济发展具有重要意义的汽车用高级钢板、彩涂板和开发石油天然气所必需的油井用管、大口径油气输送管等产品,近年来一直保持强劲增长的态势。此外,俄罗斯国内对扁平材的需求量持续增长,2005 年的市场需求量约为 1350 万 t,2006 年增长到 1590 万 t,2007 年有可能达到 1800 万 t。由于近年来俄罗斯钢管工业对生产大口径油气输送管所需的宽厚板的需求量急剧增长,造成俄罗斯国内市场上热轧厚板的供应紧张,尤其是宽度在 4.5 米以上的厚板。而根据 2009 年 4 月中俄正式签署的关于石油领域的政府间合作协议,中俄同意共同建设和运营从俄罗斯斯科沃罗季诺市经中国边境城市漠河到大庆的石油管道。随着管道的建设,也将进一步提高俄罗斯国内对相关钢铁产品的需求。

3. 产业集中度

根据 2007 年统计数据,俄罗斯钢铁工业的产业集中度为 64.2%,位居世界第六位,次于巴西、韩国、印度、日本和乌克兰。根据产业集中度的高低划分,俄罗斯的钢铁工业应当属于集中竞争型的市场结构。较高的产业集中度也为俄罗斯钢铁工业统一行动,增强整体在国际上的竞争力提供了条件。

俄马钢公司(MMK)、谢韦尔钢铁公司、新利佩兹克钢铁会司(NLMK)是俄罗斯粗钢产量排名前三位的钢铁公司,近年来发展迅速。世界钢动态协会于 2007 年对全世界钢铁企业的竞争力进行评价,其评价体系包括扩张产能、利用技术的能力、应对所在地风险的能力、企业规模、企业是否在高速成长的市场区域以及企业在成熟市场中的控制力六个方面。根据世界钢动态协会发布的排名,谢韦尔钢铁公司跃居第 1 位(2006 年排名第 4),其平均权重值最高为 793,说明俄罗斯的代表性钢铁企业已经具有了在世界范围内竞争的实力和在未来时期快速发展的潜力。加上俄罗斯钢铁工业的产业集中度相对较高，资源集中在这样竞争力强的企业手中，必然促使整个国家的钢铁工业快速、持续发展。

4. 生产成本

2006 年，俄罗斯吨钢总计现金成本为 298 美元/t，2007 年增长 20％升至 357 美元/t。俄罗斯吨钢成本增长主要基于炼钢原料成本的上涨（2007 年俄罗斯炼钢原料成本上涨 23％），以及能源成本（2007 年增长 15％）和劳动力成本（2007 年增长 23％）上涨。2006 年，俄罗斯平均能源成本和劳动力成本分别上升了 25％和 23％。考虑到国际市场铁矿石和炼焦煤供不应求，2008 年俄罗斯国内炼钢原料价格还将继续上涨。有专家预测 2009—2012 年，铁矿石和炼焦煤价格有望回落 34％和 36％。长期来看，俄罗斯钢铁工业还将面临能源成本和劳动力成本上涨压力。2008 年炼焦煤、铁矿石和废钢等炼钢原料价格上涨将继续支撑钢材行情，但 2009—2012 年同样面临向下调整。俄罗斯钢铁企业面临的主要风险，来自于国际市场供应过剩导致钢材价格下跌，而此时铁矿石和炼焦煤价格在中国需求旺盛的支撑下仍处于高位。

5. 贸易状况

尽管俄罗斯钢产量从 1992 年起下降了 30％，但俄罗斯钢铁 1997 年出口仍达到了 2690 万 t（产量的 69％）、1998 年回落到

2200 万 t(产量的 63%),1999 和 2000 年则又创出口新高,分别达到了 2660 万 t 和 2870 万 t(2000 年出口占 63.7%),为世界钢铁出口第一。进入 21 世纪以后,一方面出口稳步增长,主要供应亚洲、北美和西欧市场,另一方面受到国内需求的拉动,越来越多的产品开始用于国内的消费。2006 年俄罗斯钢铁产品进口量同比大增 28%达到 560 万 t。其中,尤为突出的是,钢筋进口量同比增长 59%至 56.53 万 t;热轧中厚板进口量同比增长 65%至 129 万 t;锌及其他金属涂层板进口量同比增长 47%至 83.54 万 t;焊接钢管进口量同比增长 74%至 72.97t。与此同时,俄罗斯钢铁产品出口量仅同比微幅增长 2%。钢铁统计局称,在俄罗斯,越来越多的钢铁产品正在转向国内销售,目的是为了满足当地旺盛的市场需求。受此影响,近 5 年来俄罗斯的钢铁出口基本维持在每年 2700 万~3100 万 t 的水平。

五、南非钢铁工业的发展规律

南非属于中等收入的发展中国家,国内生产总值约占全非洲国内生产总值的四分之一,是非洲经济最发达的国家。自然资源丰富,是世界五大矿产国之一。矿业、制造业、农业和服务业是南非经济的四大支柱,其中钢铁工业是南非制造业的支柱。南非冶金工业的建立有 90 多年的历史,第一座小高炉于 1901 年建在彼得马里茨堡,也是非洲建设最早的小高炉之一。现有比勒陀利亚、韦雷尼京等五大钢铁中心,六个钢铁联合企业和 130 余家钢铁企业，拥有各种先进的高炉、平炉、氧气顶吹转炉等80余座，年生产能力超过千万t。2007年产钢909.8万t，2006年为971.8万t，为历史上最高水平。南非钢铁工业有两个明显的特点：以国有企业为主，具有一定的专业分工；生产规模较大，技术水平较高，其连铸技术仅次于日本、芬兰、丹麦，居世界第四。南非是世界钢材净出口国之一，产品远销100多个国家，包括远东、欧盟、北美自由贸易区、非洲、中东和南美。南非钢铁工业有限公司（ISCOR）是南非最大的钢铁厂，能满足南非所需碳素钢的3/4。该公司发明的以煤代焦的Corex炼钢工艺闻名于世。南非冶金行业近年来不断合并、重组和扩大。合资兴建的哥伦布不锈钢工程是世界最大的不锈钢生产项目，使南非成为世界第六大不锈钢生产国。理查德湾的阿鲁萨夫铝冶炼工程将成为世界最大的炼铝厂。

从图3.32中可以看出，南非的钢产量一直在800万t到1000万t上下徘徊，2006年达到历史最高水平，但之后几年因为受到国际金融危机的影响而略有下降。占世界钢产量比重却持续下降，这部分是由于南非钢产量增速放缓，还存在同期中国、印度等产钢大国产量大幅增加、增长率较高的原因。

与南非的钢产量相比，钢消费量虽然也保持一定增速，但始终与产量有300万t左右的差距，人均钢消费量比消费总量波动幅度更大一些，曾在2003年出现谷底，仅为82.3 kg/人，之后虽然有所回升，至2007年也只有146 kg/人，虽已高出同期其他发展中国家，例如印度（47.2 kg/人）和巴西（123.7 kg/人），但远低于发达国家达到峰值时期的水平，也只相当于中国 2001 年的水平，见图 3.33。

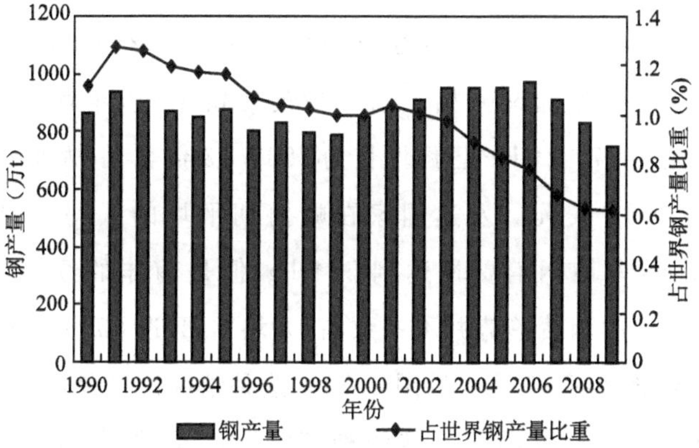

图 3.32　1990—2009 年南非钢产量及占世界钢产量的比重

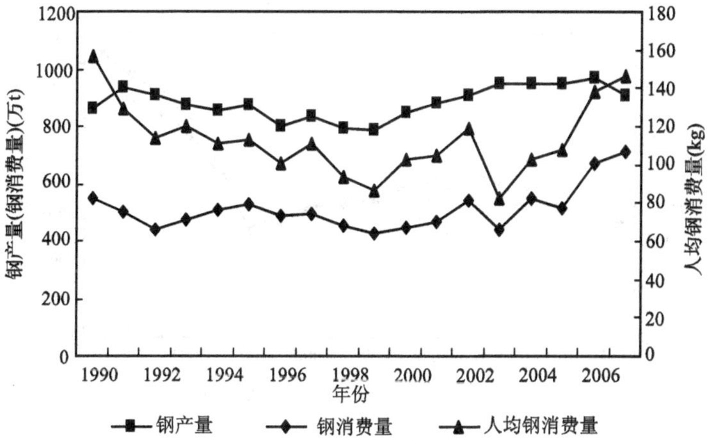

图 3.33　南非 1990—2007 年钢消费量和人均钢消费量变化趋势

1994 年以来,南非一直实行保持宏观经济稳定的方针。通过经济结构调整,南非的国际经济一体化程度进一步提高。国民经济发展水平也得到较大幅度的增长,从图 3.34 可以看出,虽然在 1999—2002 年间,南非经济受亚洲金融危机的影响,增速有所减慢,但自 2003 年起又开始了新一轮的经济增长,年均增长率为 4.3%,至 2007 年 GDP 已经增长为 2837.43 亿美元,人均 GDP 也达到 5929.72 美元。发达国家在峰值期平均的人均 GDP 只有 4000 美元,人均钢消费量达到 574 kg,但是南非的经济增长与对钢铁产品的消费趋势并不一致,在人均 GDP 近 6000 美元时,人均钢消费量只有 146 kg,见图 3.34。这种情况部分是由于南非第三产业高度发达及国家特殊的种族情况决定的,将在下文进行讨论。

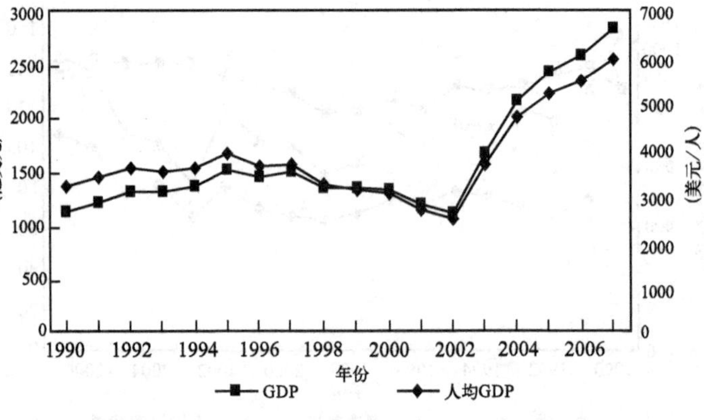

图 3.34 南非 1990—2007 年 GDP 和人均 GDP 的发展趋势

南非很早就开始了其工业化进程，迄今已经成为世界工业化程度较高的国家之一，制造业是南非经济的顶梁柱，也是南非工业化进程中的主要驱动力。2007 年 8 月南非贸工部在行政首都茨瓦内总统府发布了《全国产业政策框架和行动计划》，确认了四个优先产业，其中就包括金属制造业，并表示政府将使用各种政策手段来支持该行动计划的实施，其中包括投资更新破旧机器、产业升级及解决价格垄断等。南非的第二产业早在 20 世纪 60 年代就已经得到充分的重视，1980 年第二产业占 GDP 比重还一度超过第三产业，占据优势地位，虽然之后这一比例有所下降，但仍然保持在 40%左右，进入 21 世纪，第二产业比重进一步下降至 30%附近。虽然第二产业占据着南非国民经济的重要地位，但其中以采矿业为最重要支柱。依赖于极其丰富的矿产资源，南非跻身于世界五大矿产国之一。且南非以旅游和金融服务业为代表的第三产业极其发达，2008 年占 GDP 比重达到 66%，而该产业对钢铁产品的消费极其有限，故未能进一步拉动南非国内对钢铁产品的需求。南非 1960—2008 年国民经济结构变化如图 3.35 所示。

南非在经济发展过程中，特别是发展工业化进程中，需要大量的劳动力投入。由于南非 70%的人口是黑人，且长期在政治上处于被统治地位，所以黑人理所当然地充当了主要的劳动者。工业化进程的推进使得大量的黑人劳工涌入城市，虽然白人曾试图阻止这些黑人定居城市，但这种趋势终未能避免，80%的黑人劳工在城市定居下来，但是城市中形成了两极化的差别，白人聚集

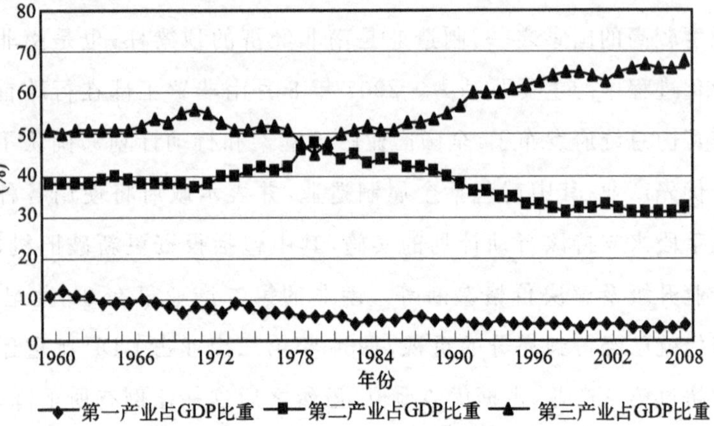

图 3.35 南非 1960—2008 年国民经济结构变化

地高楼耸立，现代化程度非常高，黑人长期居住在类似贫民窟的社区，生活设施落后，现代化程度低下。保证城市化综合发展水平的各项指标，例如公共设施、住宅、交通道路等也保持着较低水平。正是因为这些原因，虽然南非城市化率已经达到 60%以上(见图 3.36)，但城市中大多数居民并没有享受到城市不断完善和发展的福利，而对城市功能完善必不可少的原料——钢铁的需求也未达到应有的水平。

通过数据分析，我们并没有找到南非钢消费量与国民经济发展水平、产业结构以及城市化率之间的数量相关关系，这可能是多方面的因素造成的，前文已经进行了一些简单讨论。对于南非钢消费量的预测也将建立在较为简单的时间序列回归的基础上。我们对南非 1990—2007 年的人均钢消费量进行了时间序列回归，发现约在 2020 年人均钢消费量达到 530 kg(判定系数

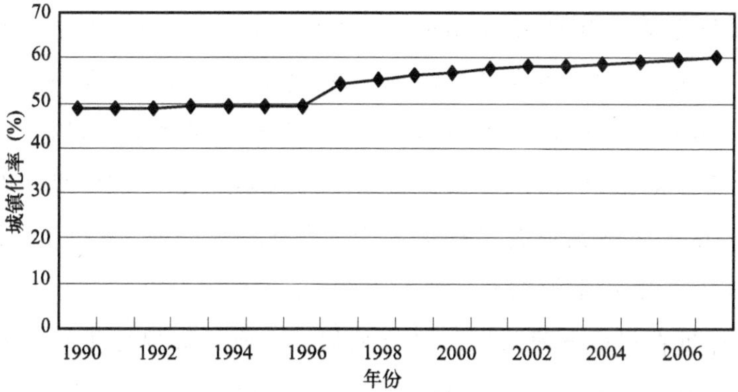

图 3.36　南非 1990—2007 年城市化水平发展趋势

0.706)，基本与发达国家峰值期水平持平。同期人口约为 5315 万人(判定系数 0.995)，从而钢消费总量大约在 2817 万 t。但是由于人均钢消费量进行回归时，判定系数只有 0.706，刚达到显著的水平，所以估计得出的预测值可能存在一定的差别。

通过对中国、印度、巴西、俄罗斯和南非等发展中国家钢铁工业的发展情况进行了较为详细的研究，其中除了俄罗斯因为国家政体在 20 世纪 90 年代遭遇巨变使得分析数据产生非正常的波动而没有对钢需求量峰值进行讨论以外，其他四个国家都进行了峰值产生时间以及数量的研究，并得出较为清晰的结论。

通过对部分发达国家峰值时期在国民经济发展水平、产业结构特征和城市化发展水平等方面出现的规律进行分析和总结，我们发现这些方面的指标多与钢消费量(或人均钢消费量)存在强正相关关系，从而为我们的预测奠定了方法基础。对于中国的钢消费量峰值的预测就是建立在这种方法基础上的。通过研究历史数据发现，中国的人均GDP和人均钢消费量、城市化率和钢消费量之间存在的正相关关系，回归的拟合优度非常高。我们以中国2020年左右基本实现工业化、产业结构调整基本完成，第二产业比重保持在40％左右、城市化水平约为60％等一系列假设为基础，得出中国钢消费量峰值约为8亿t，人均600 kg以上，在2020年左右达到的结论。

印度在很多方面与中国具有相似性。通过数据分析我们发现，在2034年左右，印度GDP总量、第二产业占GDP比重、城市化率、人均钢消费量等多项指标与中国2020年的水平非常相似，以此为依据我们预测印度的钢消费量峰值约为8亿t，出现在2034年左右。

在对巴西和南非的研究过程中并没有发现类似中国、印度的规律，本文也对这种情况产生的原因进行了较为深入的讨论。对于钢消费量峰值的预测并没有采用与中国类似的方法进行，只是较为简单地将人均钢消费量进行了时间序列的回归，以部分发达国家峰值期水平作为参考值，进行了大致的估计，得出了巴西在2032年达到1.23亿t，南非2020年达到2817万t的结论。

本章小结

本章主要采用定量的分析方法分别对发达国家和发展中国家达到钢铁工业峰值时的消费量和时间进行分析和预测,找出其发展的规律。首先通过总结发达国家已经达到的峰值时期显现出来的规律,分析其原因;其次将世界钢铁消费量的峰值重点集中在以中国为代表的发展中国家的身上,集中讨论发展中国家在世界钢铁工业的发展中占据的地位和起到的作用,为后续研究提供一定的借鉴。

第 四 章

河北钢铁工业可持续发展现状分析

第一节　河北钢铁工业概述

一、基本情况

河北是中国第一产钢大省，河北冶金工业在全国占有举足轻重的地位。自2001年以来，河北的钢、生铁、钢材、铁矿石产量连续居全国第一位，主要产品产量和经济指标一直保持30%以上的高增长态势，远远高于全国平均水平。2007年河北生产钢10706万t、生铁10483万t、钢材10475万t、铁矿石30954万t，比2006年分别增长17.7%、27.06%、23.7%、24.05%，2007年钢、生铁、钢材以及铁矿石产量分别占全国比重为21.88%、21.99%、18.52%、27.03%，见表4.1。

表4.1　2006—2007年全国及河北钢铁产量增长对比

		2006年			2007年		
		河北省	全国	占全国比重(%)	河北省	全国	占全国比重(%)
钢	产量(万t)	9096	41915	21.7	10706	48929	21.88
	增长(%)	23.15			17.7		

续表

		2006 年			2007 年		
		河北省	全国	占全国比重（%）	河北省	全国	占全国比重（%）
生铁	产量（万 t）	8250	41245	20	10483	47652	21.99
	增长（%）	21.93			27.06		
钢材	产量（万 t）	8467	46893	18.06	10475	56561	18.52
	增长（%）	30.97			23.7		

冶金工业是河北省的重要支柱产业，在全省工业经济中占有重要比例。2007 年，冶金工业销售产值和工业增加值分别完成 6105.96 亿元和 1590.03 亿元，分别比上年增长 39.87%和 22.22%，在全省工业中的比重达到 35.8%和 24.2%。

2007 年，全省冶金工业完成销售收入 6239.46 亿元、利税 735.11 亿元、利润 478.07 亿元，分别比上年增长 44.92%、41.79%、44.12%。其中钢铁工业完成销售收入 5445.05 亿元、利税 541.66 亿元、利润 340.54 亿元，分别比上年增长 45.41%、33.68%、34.26%，具体见表 4.2。由此可见，冶金工业为河北省经济和社会发展做出了重要贡献。

河北省与辽宁、上海、江苏等钢铁大省（市）相比，在钢、生铁、钢材的产能规模上遥遥领先，但产能分散，产品结构中高附加值的产品较少，优质钢比、板管带比低于全国平均水平，与宝钢、鞍钢的大钢企差距较大。

表 4.2　2007 年河北冶金工业对全省工业财务指标贡献表

		亿元	同比增长(%)
冶金工业	销售产值	6105.96	39.87
	工业增加值	1590.03	22.22
	销售收入	6239.46	44.92
	利税	735.11	41.79
	利润	478.07	44.12
其中:钢铁工业	销售收入	5445.05	45.41
	利税	541.66	33.68
	利润	340.54	34.26

二、河北钢铁工业总生产能力

2007 年河北全省主要冶金产品产量完成情况:粗钢 1.07 亿 t,生铁 1.05 亿 t,钢材 1.05 亿 t,生铁、钢及钢材产量在全国保持第一位。全省有 30 家钢铁企业产量超过 100 万 t,比上年增加 4 家;30 家钢铁企业合计产钢 9696 万 t,占全省钢产量的 90.56%;3 家企业超过 500 万 t,其中唐钢 2275 万 t,邯钢 600 万 t,唐山国丰 523 万 t。河北省规模以上钢铁企业 2007 年钢产量对比表见表 4.3。

2007 年河北省炼钢总能力、连铸机产能、热轧机组(热轧薄板带)产能、线材产能均居全国首位,但冷轧薄板带、镀锌薄板、彩涂板等产品产能所占比重较小,而有些高附加值产品的生产能力甚至为0,这说明河北省钢铁工业高附加值的产品较少,通过调研也发现,企业间产品结构比较雷同。2007年河北省钢铁工业产能产量见表4.4。

表4.3　河北规模以上钢铁企业2007年钢产量对比表

	指标	河北	全国	占全国比重(%)
钢	总产量(万t)	10569.23	48971.23	21.6
500万t以上企业	个数(个)	3	23	13
	总产量(万t)	3398	27225.9	12.5
200～500万t企业	个数(个)	11	34	32.4
	总产量(万t)	2899.84	10083.1	28.8

表4.4　2007年河北钢铁工业产能产量表

项目	河北		全国总能力	全国各省平均产能			
	产能(万t)	全国排位	产能(万t)	平均产能(万t)	省份数	省份最高产能(万t)	产能最高的省份
生铁产量	10522.97	1	47660.4	1588.68	30	10522.97	河北
粗钢产量	10569.23	1	48971.23	1632.374	30	10569.23	河北
热轧薄板	25.4	3	301.43	15.0715	20	99.66	江苏
线材	1172	1	7920.79	264.0263	30	1172	河北
镀层板	114.79	6	1764.41	84.01952	21	458.28	江苏
冷轧薄带	57.75	9	1557.8	67.73043	23	406.57	江苏
涂层板	19.21	7	314.42	17.46778	18	79.68	江苏
厚板	273.42	1	1850.27	92.5135	20	273.42	河北
中板	603.55	1	2945.52	128.0661	23	603.55	河北
电工钢板带			435.18	31.08429	14	121.77	湖北
无缝钢管	56	12	1867.34	71.82077	26	373.27	江苏

2007 年河北省钢铁工业技术经济指标喜忧参半，全省炼钢连铸比 100%，省内重点钢铁企业的加权平均高炉利用系数 3.132 t/d·m^3，轧钢综合成材率 97.29%，均好于全国平均水平。入炉焦比（409 kg/t）、喷煤比（131.75 kg/t）、转炉钢铁料消耗（1089.69 kg/t）、吨钢综合能耗（637.48 kg/t）、吨钢可比能耗（628.11 kg 标准煤）与全国平均水平相比尚存一定的差距。

第二节 河北钢铁工业可持续发展支撑资源分析

一、铁矿

河北省铁矿质量贫矿多、富矿少，品位普遍较低，铁矿富矿仅占0.4%，几乎都是需选贫矿石。

1. 储量

2011年底，河北省铁矿区数361处，矿山数1035处，铁矿保有储量83.73亿t，其中储量13.61亿t，基础储量26.73亿t，资源量57亿t，分别占15.06%，31.92%，68.08%，占全国查明铁矿资源储量的11.25%，在全国排名第3。然而由于历史的原因，首钢、天铁均在河北省设有原料基地，河南、山东等周边地区的钢铁企业也以河北省铁矿作为原料补充。

2. 成本

从生产成本来看，2007—2008年间，有关部门对河北省铁矿石生产成本进行调查，当时抽取河北300家矿山样本，覆盖全省产能的90%以上，按照铁矿规模进行分类，以干基66%铁精粉作为折算标准，统计得出铁精粉生产成本为300～500元/t，而这仅仅是生产成本，如果要折算成钢铁企业的到厂价，则还需要加上运输、装卸、储藏等费用。

从进口成本来看，由于钢铁工业产能大幅提高，造成河北省铁矿石缺口继续增大。2010年，河北省各大钢铁企业进口铁矿石7570.11万t，占全国总进口量的12.23%，进口金额达到97.58亿美元，折到均价每吨达到128.91美元，同比上涨61.2%。由此可见，虽然进口数量比上年有所下降，但进口成本却居高不下。

二、焦炭

1. 煤炭产能

河北省系全国主要能源供应基地之一，也是全国近代能源工业发展较早的地区。截至2011年底，河北省煤炭保有储量175.45亿t，其中储量21.64亿t，基础储量38.40亿t，资源量137.05亿t，分别占12.33%，21.89%，78.11%，在全国排名第13位，素有“燕赵煤仓”之称。另外，这些煤矿分布较为集中，全省总储量90%以上集中分布在唐山、邯郸、邢台、张家口等地，而且这些煤田与铁矿资源大都相邻，如宣化铁矿区，冀东、邯郸等地；另外，煤田又大多接近全国主要铁路干线。煤炭品种较齐全，以炼焦用煤为主。

2. 焦炭

2009 年,河北省焦炭产量 5046 万 t,比 2002 年增长 400%左右,居全国第二,而山西的焦炭产量为 8505 万 t,山东为 3429 万 t。同年,河北省生铁产量为 14817.74 万 t,比 2002 年增长 400%左右。2002 年的相关数据显示河北省重点钢铁企业的焦炭供需已经出现供不应求的情况。由此可见,在 2002—2009 年这 7 年之间,生铁与焦炭产量的增长速度相当。按照这一趋势推断,河北省焦炭产量不但满足不了河北省钢铁工业的快速发展需求,而且还存在着一定的缺口。2002 年河北重点钢铁企业炼铁耗焦和焦炭平衡情况见表 4.5。

表 4.5 2002 年河北重点钢铁企业炼铁耗焦和焦炭平衡表

企业名称	生铁产量(万 t)	入炉焦比(kg/t)	焦炭产量(万 t)	焦炭消耗量(全焦)(万 t)	平衡分析(万 t)
唐钢	483.04	385	141.85	215.02	−73.17
邯钢	454.28	358	196.28	188.04	8.24
承钢	158.24	425	61.73	77.76	−16.03
宣钢	226.23	407	95.6	106.46	−10.86
新兴铸管	151.85	396	37.35	69.53	−32.18
石钢	103.58	416		49.82	−49.82
邢钢	139.27	409	47.9	65.86	−17.96
唐山建龙	133.15	565		86.98	−86.98
河北津西	127.94	580		85.8	−85.8
全国炼铁行业合计	17079.2	442		8729.23	

近年来，西方发达国家为保护自身环境，不顾本国钢铁工业发展需大量削消减焦炭产量。例如从 1996—2000 年 4 年间，作为西方焦炭主要生产国，美国减产 10.17％，日本减产 9.9％，德国减产 7％，英国减产 18.3％。因此，这些西方国家从过去传统焦炭出口国转变为焦炭净进口国。目前，全世界焦炭产量大约为 34000 万 t。我国焦炭产量约占世界产量三分之一。从长远看，西方发达国家这种为保护环境不断削减焦炭产量的国策将继续实行下去，因此，预计在今后很长一段时期内，我国焦炭产量占世界焦炭产量的比重将越来越高，焦炭大量出口将成为我国焦炭行业的巨大机遇及钢铁工业不得不面临的与国外企业争抢焦炭资源的巨大挑战。

三、水

河北省水资源不足由来已久，2007 年，河北省水资源总量 119.8 亿 m^3，地表水量 39 亿 m^3，地下水量 107.2 亿 m^3，人均水资源量 173.1m^3/人，人均水资源量仅相当于全国平均值的 1/10，并且部分山区自产地表水资源专供北京、天津两市使用，这进一步加剧了河北省水资源的供求矛盾。

华北是我国最缺水的地区，东部平原缺水比西部严重。东部平原由于浅层地下咸水无法利用，开采消耗的地下水主要是深层高氟水，而深层地下水恢复年限是很长的。在目前开采强度条件下，现有的深层地下水储量仅可维持开采 9～10 年。而深层地下水储量疏干后，即使停止开采，深层水的恢复估计至少需要 150～200 年的时间。因此位于该地区的钢铁企业，如邯钢、石钢、邢钢、唐钢等，必须严格限制水资源的消耗量，不应增加水资源消耗量。1996—2002 年我国钢铁工业用水汇总统计情况见表 4.6，1996—2002 邯郸钢铁总厂用水情况见表 4.7。

表 4.6　1996—2002 年我国钢铁工业用水汇总统计表

年份	钢产量（万 t）	总用水量（万 m^3）	重复用水量（万 m^3）	吨钢新水用量（m^3/t）	重复利用率%	吨钢用水量（m^3/t）
1996	8789	2038374	1671611.44	41.43	82.01	232
1997	9519.29	2098654.2	1740448.53	37.63	82.93	220.5
1998	10444.45	2227330.7	1870338.72	34.17	83.97	213
1999	11128.07	2145723.8	1825301.35	28.79	85.07	193
2000	11697.89	2235671.9	1946009.76	24.75	87.04	191.1
2001	12860.38	2078001.6	1888365.98	18.34	89.54	161.58
2002	15893.5	2540078	2274339.21	15.05	90.87	159

表 4.7　1996—2002 年邯郸钢铁总厂用水情况表

年份	钢产量（万 t）	总用水量（万 m^3）	重复用水量（万 m^3）	吨钢新水用量（m^3/t）	重复利用率（%）	吨钢用水量（m^3/t）
1996	236.1	39796	35806	16.9	89.97	168.56
1997	253.4	41486	36650	19.08	88.34	163.72
1998	291	46868	42691	14.35	91.09	161.06
1999	301.73	56388	52045	14.39	92.3	186.88
2000	315.01	65915	61963	12.55	94	209
2001	390	77714	70186	10.88	94	199.3
2002	453	83360	78158	10	94	184

冶金工业是高耗水行业，工艺过程中冷却、除尘、淬渣及蒸汽动力系统都大量用水。用水指标与地区水资源形势要求和国外先进水平相比存在较大差距。随着近些年国家对节水工作的重视，钢铁工业的水消耗情况有所改善，据统计，2008 年全国重点冶金企业吨钢新水消耗量为 5.09 m^3，水重复利用率为 96.45%。河北省钢铁企业也加大了节水力度，省属重点钢铁企业吨钢新水消耗及工业水重复利用率好于全国平均水平，但距河北省水资源短缺的严峻形势要求尚有较大的差距，与国外先进水平相比还有较大的节水差距。

四、电

到 2007 年底，全省发电设备容量 3021 万 kW，当年发电量 1646 亿 kW·h，同比增长 12.6%，用电量 2013.67 亿 kW·h，增长 16.07%。随着经济的快速发展和人民生活水平的提高，电力需求迅速增长，供需矛盾日益突出。2011 年夏，河北省南部电力网电力平衡已经出现缺口，其中最大缺口达到 193 万 kW，电力供需形势十分严峻。

电力短缺的主要原因如下：一是工业快速发展拉动电力需求。河北省经济的重化工特征十分显著，工业结构中钢铁等重工业比重达到 80%，因此对用电量的需求大幅提升。二是春夏排灌和空调负荷快速增长，季节性、时段性负荷特性十分突出。河北省农田排灌和空调负荷两者夏季极易叠加，叠加后占可调容量的一半以上。三是该省分为南北两个电网。南网覆盖南部6市，北网5市与北京、天津构成京津唐电网，肩负着京津电力供应的重要任务。四是峰谷差大。河北南网峰谷差率接近50%，高峰电力短缺，低谷一半机组闲置。

五、环保

2007年，河北省废水排放总量222914万t，其中工业废水排放总量123537万t。生活污水排放量99377万t，全省工业废水排放达标率92.3%。全省工业二氧化硫排放量129.4万t，去除量为133.5万t；工业烟尘排放量为46.4万t，去除量1945.9万t；工业粉尘排放量53.2万t，去除量744.6万t；全省工业固体废弃物产生量18688万t，工业固体废物排放量为389464t，危险废物产生量30.3万t。据对全省七大水系及沿海56条河流148个监测断面的结果分析，半数以上断面水质为V类或劣V类，部分水库有富营养化趋势。城市地下水污染较重，主要超标因子为氟化物、总硬度、细菌总数和硝酸盐氮。

河北省处于“两控区”中二氧化硫污染控制区，包括石钢、邯钢、承钢、邢钢、唐钢、宣钢、唐山建龙。国家规定了排放的总量指标，超过指标将处以高额罚款。

若要加大治理力度，其环保治理投资费用不菲：专家估算平均每减少1万t SO_2排量，炉窖烟气处理投资约需5000万～10000万元人民币，锅炉治理投资约需700万～1400万元人民币，发电机组处理如投资30万机组约15000万元人民币。

环境保护是我国的基本国策。由于特殊地理位置，河北省环境质量与京津两地环境质量密切相关。已经有专家建议国务院实行大北京环境综合治理，治理半径覆盖了河北省整个中北部地区，这将对全省环保工作提出更高的要求，然而在调研中发现，大多数企业并没有意识到环保的严峻性，还只是以产量为导向。

目前河北省冶金工业环境保护面临的形势和差距主要是如下三点。

1. 环保压力愈来愈大

由于历史原因，河北省骨干钢铁企业大部分位于大中城市，省属“六大钢”中，唐钢、邯钢、邢钢、石钢均位于市区环城路之内，承钢、宣钢虽离市中心较远，但承德是国家重点旅游城市，拥有古代皇家园林等重点文物保护单位，而宣化则位于北京上风口和官厅水库上游，因而河北省冶金工业今后发展过程中面临着非常大的环境压力。将来冶金企业的生存很可能不再单独取决于产品有无市场或企业有无利润，更重要的将取决于企业能否与周边环境相容。

2. 环境保护和环境治理在理念上存在差距

企业污染治理在许多情况下还停留在一般的消烟除尘、污水处理和厂区绿化的层次上，有的甚至认为缴点排污费即可万事大吉。相比之下国外冶金企业先进水平已进入治理所有不可见有害气体(包括 SO_2、NO、二噁英、挥发性有机物等)、重金属、放射性物质、噪音及减少 CO_2 等温室气体排放的高层次环保阶段。

3. 企业环保管理体系尚需完善

许多地方冶金企业环保管理几乎是空白,有限的环保设施因管理、操作和维护原因年久失修,运行效果较差,各种污染物基本上处于放任自流状态。相对而言,大中型冶金企业对环境保护比较重视,设有一定的管理机构和管理规章,多年来为企业环保治理做出了积极贡献。但从目前形势要求看,许多管理手段落后,企业环保工作缺乏严密的系统性,管理体系在程序化、文件化方面存在不足,环保工作主要以末端治理和事后监督为主,还没有真正把环保要求体现在冶金生产全过程之中。河北钢铁工业资源约束情况见表 4.8。

表 4.8　河北钢铁工业资源约束情况

项目	指标名称	指标值	全国排名
铁矿(2011 年)	矿区数	361	
	矿山数	1035	
	储量(亿 t)	12.61	
	基础储量(亿 t)	26.73	
	资源量(亿 t)	57	
焦炭(2007 年)	年产量(万 t)	3820.89	2
水(2007 年)	水资源总量(亿 m^3)	119.8	26
	地表水量(亿 m^3)	39	27
	地下水量(亿 m^3)	107.2	22

续表

项目	指标名称	指标值	全国排名
电(2007年)	发电量(亿 kW·h)	1646.24	7
	电力消耗量(亿 kW·h)	2013.68	4
环保(2007年)	工业废水排放总量(万 t)	123537	8
	工业二氧化硫排放量(万 t)	129.4	3
	工业粉尘排放量(万 t)	15.9	3
	工业固体废弃物产生量(万 t)	18688	1
	工业固体废弃物排放量(万 t)	389464	6
	危险废物产生量(万 t)	30.3	14

六、人力资源

职工队伍庞大,人员结构中高层次人才较少,缺乏与科研院校的联系,技术开发能力偏低。冗员过多,劳动生产率远低于发达国家水平,人力资源结构不合理,一方面大批冗员无所事事,另一方面,许多关键技术、管理、经营人才严重匮乏,甚至面临后继无人的局面。由于企业内冗员过多,企业不得不因人设事,机构庞杂,人浮于事,造成企业内工作过程中相互扯皮,效率低下,同时职工待遇普遍较低。结果,优秀人才无法发挥作用,同时外部人才不愿意进入钢铁企业。劳动生产率对比情况见表4.9。

表 4.9 劳动生产率对比表

	河北(2007年)	美国(1997年)	新日铁(1998年)
职工人数(万人)	28.28	18.9	2.99
钢产量(万 t)	10569.23	9920	2410
劳动生产率(t/人·年)	374	525	806

职工队伍不稳定,关键岗位人才流失严重,近年来,不仅IT、房地产等行业吸引了钢铁企业的人才,而且钢铁企业内部,特别是一些民营企业,也采用高薪、高待遇等多种手段吸引其他钢铁企业的人才,造成了企业之间在人力资源问题上的无序竞争。其后果是不仅严重影响了人才流出企业的发展,而且影响全行业人才市场无法规范运作,最终将削弱行业的整体竞争力。

行业的竞争说到底是人才的竞争,人才已经成为一种最宝贵的资源。韩国的浦项公司在1986年建立了自己的大学(浦项科技大学)来强化研究开发工作;1987年建成产业科技研究所,1995年又陆续成立了浦项钢铁公司研究协会和东京、欧洲研究中心,进一步加强了科研开发,开展了多层次的国际合作研究。要想持续发展,还要坚持人才建设,为企业创造可持续的竞争优势。

综上所述,在钢铁工业的产能总量上,河北已成为我国第一大省,但在产品结构上并不是钢铁强省,长材过多,高附加值产品相对较少,各大钢铁企业产品结构雷同,特别是民营企业,大都是低档次产品。

从资源约束来看,河北省在铁矿、焦炭等资源方面在全国有相对优势,但由于近年产能增加太猛,而且不够集中,小企业过多,导致资源消耗太快，国内外有关专家普遍认为，钢铁联合企业的最佳经济规模为年产钢800万～1000万t，最低经济规模为300万～350万t，国外最大的钢铁联合企业年产量达2000万t以上。大多数企业又都不在沿海，进口矿石运输困难，铁路只能满足1/3，公路运输成本较高，综合起来与沿海大钢厂相比优势并不明显。河北省水、电都比较短缺，特别是水已经成为制约河北钢铁工业发展的瓶颈。由于河北紧邻北京、天津，环境保护也日益受到国家的重视，日后对河北钢铁企业的要求也会非常严格。钢铁工业“十一五”规划已明确提出华北地区不宜再扩大产能。

河北在资源方面没有战略联盟，在人才和技术力量方面也缺少与高校、研究机构的联系，技术创新能力较差，但河北的劳动力成本较低，与沿海省市相比占有优势，而且某些产品在全国也处于领先位置，比如唐钢的超薄板、石钢的棒材、邢钢的线材、新兴铸管等，应加大对其投入，避开与宝钢、武钢、鞍钢等大集团的产品结构冲突，在省内分工明确，避免重复建设，走边缘，改善产品结构，做大做强。

本章小结

本章首先对河北省钢铁工业发展现状进行了客观的分析，并在此基础上对影响其可持续发展的瓶颈支撑资源进行了详细分析，找出发展短板，为进一步研究河北钢铁工业可持续发展战略提供了有力的数据资料支持。

第五章

河北钢铁工业
可持续发展竞争力评价

第一节 可持续发展竞争力评价指标体系

一、竞争力概述

对于竞争力含义的界定，尽管众说纷纭，包括瑞士洛桑国际管理发展研究院(MD)、世界经济论坛(WEF)、经济合作与发展组织(OECD)等都对竞争力有不同的定义，但对竞争力的核心认识却大多相同，即认为竞争力是竞争对象在竞争中显示的能力，只是对“能力”的内涵与外延的界定有大有小而已。

对于竞争力的研究，由于其涵盖的范围不同，使得竞争力概念表述的侧重点有所不同。例如，我们可以根据其涵盖的范围不同将竞争力分为企业竞争力、行业竞争力、国家竞争力，并且三种竞争力所涵盖的范围是逐一扩大的。行业竞争力又分为两种类型：一种是横向行业竞争力，即在一个国家的国民经济体系内不同的行业在发展现状及发展潜力方面的相对竞争强弱程度；另一种是纵向行业竞争力，即是同类行业在不同国家或区域的国民经济体系中在发展现状和发展潜力方面的相对优势。本章的研究重点是比较分析河北省钢铁工业与我国其他省份钢铁工业的竞争力发展战略的问题，因此，属于行业竞争力研究中的第二类范畴，即纵向行业竞争力。

在明确了研究对象之后，那么究竟什么是竞争力，什么是钢铁工业竞争力呢？所谓竞争力，根据传统竞争力理论的观点，可以理解为竞争主体对竞争态势，综合运用各种可利用的资源和自身能力，谋求在竞争中获取胜利的现实和潜在实力。具体到钢铁工业来讲，我们也对其进行一下界定，所谓钢铁工业竞争力是指某区域的钢铁工业在拥有有限资源和持续、稳定的生产能力和规模的基础上，通过科技创新等手段，提高产品性能，降低产品成本，减少环境污染，以及能够在市场上较其他区域钢铁工业生产或提供更好的产品和服务的能力，这种能力可以通过现实竞争能力和潜在竞争能力两种形式表现出来。

二、可持续发展竞争力评价指标体系构建原则

指标是复杂事件或系统的信号，是信息的载体，它要具备反映功能、比较功能和评价功能，因此指标的选取要做到有据可依。指标体系则是一个信息系统，它是由一系列有着内在联系的指标组成的集合，它是从多个领域和层次来反映系统的特性和关系的。

具体来讲，在构建河北省钢铁工业可持续发展竞争力评价指

标体系时应遵循以下原则：

(1)整体性原则。即指标体系的设计应能够从整体上涵盖钢铁工业竞争力的主要领域。

(2)简洁性原则。即指标应易于理解，意义鲜明，能用一个指标说明问题的，就不再采用两个或多个指标进行说明，切忌烦琐化。

(3)可操作性原则。即指标数据应可以从现有的统计资料中获得或者其分解指标可以比较容易地进行采集和统计。

(4)相对独立性原则。选取的评估指标应相对独立，即指标所包含信息的重叠性应尽可能地小，以便使评估结果更加准确。

三、河北钢铁工业可持续发展竞争力评价指标体系构建分析

在构建河北省钢铁工业可持续发展竞争力评价指标体系时，遵循着“构建指标初选体系→筛选指标→确定指标终选体系”这样一个基本思路。首先，在构建指标初选体系阶段，应本着系统性、全面性的原则，尽可能地把每个领域的所有指标考虑到，以防漏掉重要指标，因此，初选体系中的指标数量相对较多；其次，由于初选指标过多，再加上每个指标都在不同程度上反映了钢铁工业可持续发展竞争力方面的某些信息，因此这些指标之间不可避免地会存在相关现象，如果这些高度相关的指标都入选到最终的指标体系中，一方面不仅会增大计算工作量，并且还会增加分析

问题的复杂性，另一方面会由于重复计算某一方面的特征，人为地夸大了该指标在竞争力评估系统中的影响和作用，造成评估结果失真而最终失去评估的意义。因此，必须按照一定原则对初选体系中的指标进行筛选，最后形成河北钢铁工业可持续发展竞争力评价指标的终选体系。

根据前述钢铁工业可持续发展竞争力概念的描述，钢铁工业可持续发展竞争力可以通过现实竞争力和潜在竞争力两种形式表现出来，因此，我们在构建指标初选体系时，遵循的正是这一思路。现实竞争力主要指的是行业在与内外部环境、要素相互整合的基础上，表现出来的外在整体实力，主要表现为行业的规模和效益两个方面。钢铁工业作为典型的生产制造行业，其规模主要体现在行业的生产能力上，从这一层面来讲，主要是从量的角度反映其行业的竞争力水平。而效益指的是行业的效率和收益，这是从质的角度反映出该行业的竞争力水平。潜在竞争力主要指的是行业所拥有的某些独特的内在因素，这些因素决定着行业未来可持续发展的竞争能力，它是行业竞争力经久不衰的重要支撑源泉。就钢铁工业而言，潜在竞争力主要通过其掌控资源的优劣性、产品结构的合理性、科技能力的创新性以及环保能力的高低性等所表现出来。因此，钢铁工业的可持续发展竞争力正是通过现实竞争力和潜在竞争力的有机结合体现出来的。

在上述分析的基础上，我们通过向钢铁工业有关部门发放调查问卷，并根据调查问卷统计结果，确定了钢铁工业可持续发展竞争力评估指标的初选体系，如表 5.1 所示。

表 5.1　钢铁工业可持续发展竞争力评估指标初选体系

总指标	一级指标	二级指标	三级指标
综合竞争力	现实竞争力	效益因子	总资产贡献率
			成本费用利润率
			净资产利润率
			劳动生产率
		规模因子	粗钢产量占有率
			生铁产量占有率
			钢材产量占有率
			行业集中度
	潜在竞争力	资源因子	铁矿石产量占有率
			焦炭产量占有率
			吨钢新水用量
		产品结构因子	板管比
			板带比
			高附加值产品产值率
			产品销售率
		科技因子	科技人员比例
			研发费用投入率
			申请专利数
			科研成果转化率
		环保因子	污染物综合排放合格率
			吨钢可比能耗
			吨钢综合能耗

四、指标终选体系的确定

为了减少指标体系的冗余，使指标的选取更加合理化，更加符合整体性、简洁性、可操作性以及相对独立性等原则，以便更好地适用于钢铁工业可持续发展竞争力评估实践，下面采用层次分析法对初选体系的指标进行筛选。

1. 筛选步骤

(1)建立指标体系的层级结构

本文的指标体系层级结构采用三级指标结构，如表 5.1 所示，具体的筛选方式是以二级指标为目标层，从其对应的三级指标中筛选出能显著反映二级目标层属性的指标。

(2)构造判断矩阵

按照表 5.2 所示的重要性等级及其赋值标准，聘请专家对两两指标进行比较打分，得出判断矩阵。记 a_{ij} 为 i 元素对比 j 元素的重要性等级，$i,j=1,2,\cdots,n$。

表 5.2 元素两两对比时的重要性等级及其赋值

序号	重要性等级	a_{ij} 赋值
1	i,j 两元素同样重要	1
2	i 元素比 j 元素稍重要	3
3	i 元素比 j 元素明显重要	5
4	i 元素比 j 元素强烈重要	7

续表

序号	重要性等级	a_{ij}赋值
5	i元素比j元素极端重要	9
6	i元素比j元素稍不重要	1/3
7	i元素比j元素明显不重要	1/5
8	i元素比j元素强烈不重要	1/7
9	i元素比j元素极端不重要	1/9

注：{2,4,6,8,1/2,1/4,1/6,1/8}均分别表示重要性等级介于{1,3,5,7,9,1/3,1/5,1/7,1/9}相应值之间时的赋值。

(3)计算指标权重

本文采用的是多人单准则下的指标权重计算法，具体计算权重时，采用根法进行计算。

①单人单准则权重计算。记第l个专家给出的判断矩阵为$A_l=[a_{ij,l}]_{n\times n}$，将判断矩阵$A_l$的各行元素连乘，并计算$n$次方根，最后再进行归一化，所得的列向量就是第$l$个专家为各指标打出的权重向量。公式为：

$$w_{il}=\frac{\left(\prod_{j=1}^{n}a_{ij,l}\right)^{\frac{1}{n}}}{\sum_{i=1}^{n}\left(\prod_{j=1}^{n}a_{ij,l}\right)^{\frac{1}{n}}}$$

$$i=1,2,3,\cdots,n$$

②多人单准则权重计算。记$w_l=(w_{1l},w_{2l},\cdots w_{nl})^T$为第$l$个专家打出的各指标权重向量，$l=1,2,\cdots,m$，其中$m$为专家个数，首先计算各权重向量相应分量的加权几何平均

$$\overline{w_i} = \prod_{l=1}^{m} w_{il}$$

将其规范化为：

$$w_i = \frac{\overline{w_i}}{\sum_{i=1}^{n} \overline{w_i}} \quad i = 1,2,3,\cdots,n$$

即得到综合权重向量 $W = (w_1, w_2, \cdots, w_n)^T$

(4)一致性检验

由于专家在进行两两指标比较时的价值取向和定级技巧的差异可能影响到判断的有效性。因此，为防止判断矩阵的一致性偏差过大而使计算结果不可接受，必须对判断矩阵进行一致性检验，用一致性比率 CR 判定。CR 的计算公式为：

$$CR = \frac{CI}{RI}$$

$$CI = \frac{(\lambda_{\max} - n)}{n - 1}$$

$$\lambda_{\max} = \sum_{i=1}^{n} \frac{(AW)_i}{n w_i}$$

其中 $\lambda_{\max}$——判断矩阵最大特征值；

n——矩阵阶数；

A——判断矩阵；

W——权重向量；

RI——随机一致性指标均值，可从表 5.3 中查出。

表 5.3 *RI* 值

矩阵阶数	1—2	3	4	5	6	7	8	9
RI 值	0	0.51	0.89	1.12	1.25	1.35	1.42	1.46

CR 具体判断原则：

当 $CR<0.1$ 时，通过一致性检验；否则，需重新调整判断矩阵，直到通过一致性检验为止。当 n 为 1 和 2 时，总具有完全一致性，可不必检验。

(5)指标筛选原则

为剔除指标冗余，尽量保持指标体系的简洁性和相对独立性，参照主成分分析方法中主成分入选原则，初选指标入选的原则是按照权重由大到小顺序累计权重达到 85%以上，这也就意味着入选指标能够包含目标 85%的信息量。

2. 指标筛选

本文以二级指标为目标层，对其相应的三级指标进行筛选，采用 AHP 法聘请 5 位专家对三级指标进行比较评定，结果如下。

对效益因子下属各指标的筛选情况如表 5.4 所示。

表 5.4　专家判断矩阵表

专家 1 判断矩阵					各行元素连乘	M_i 的 n 次方根	$\overline{w_i}$向量归一化	一致性检验		
	A1	A2	A3	A4	$M_i=\prod_{j=1}^{n}a_{ij}$	$\overline{w_i}=\sqrt[n]{M_i}$	$w_i=\overline{w_i}/\sum_{i=1}^{n}\overline{w_i}$	$\lambda_{\max}$	CI	CR
A1	1	2	4	4	32.0000	2.3784	0.5000	4.0000	0.0000	0.0000
A2	1/2	1	2	2	2.0000	1.1892	0.2500			
A3	1/4	1/2	1	1	0.1250	0.5946	0.1250			
A4	1/4	1/2	1	1	0.1250	0.5946	0.1250			

专家 2 判断矩阵					各行元素连乘	Mi 的 n 次方根	$\overline{w_i}$向量归一化	一致性检验		
	A1	A2	A3	A4	$M_i=\prod_{j=1}^{n}a_{ij}$	$\overline{w_i}=\sqrt[n]{M_i}$	$w_i=\overline{w_i}/\sum_{i=1}^{n}\overline{w_i}$	$\lambda_{\max}$	CI	CR
A1	1	2	4	5	40.0000	2.5149	0.4992	4.0565	0.0188	0.0196
A2	1/2	1	3	3	4.5000	1.4565	0.2891			
A3	1/4	1/3	1	2	0.1667	0.6389	0.1268			
A4	1/5	1/3	1/2	1	0.0333	0.4273	0.0848			

专家 3 判断矩阵					各行元素连乘	M_i 的 n 次方根	$\overline{w_i}$向量归一化	一致性检验		
	A1	A2	A3	A4	$M_i=\prod_{j=1}^{n}a_{ij}$	$\overline{w_i}=\sqrt[n]{M_i}$	$w_i=\overline{w_i}/\sum_{i=1}^{n}\overline{w_i}$	$\lambda_{\max}$	CI	CR
A1	1	1	5	4	20.0000	2.1147	0.4067	4.0277	0.0092	0.0096
A2	1	1	5	4	20.0000	2.1147	0.4067			
A3	1/5	1/5	1	1/2	0.0200	0.3761	0.0723			
A4	1/4	1/4	2	1	0.1250	0.5946	0.1143			

续表

专家 4 判断矩阵					各行元素连乘	M_i 的 n 次方根	$\overline{w_i}$向量归一化	一致性检验		
	A1	A2	A3	A4	$M_i=\prod_{j=1}^{n}a_{ij}$	$\overline{w_i}=\sqrt[n]{M_i}$	$w_i=\overline{w_i}/\sum_{i=1}^{n}\overline{w_i}$	$\lambda_{\max}$	CI	CR
A1	1	2	4	4	32.0000	2.3784	0.4845	4.0206	0.0069	0.0072
A2	1/2	1	3	3	4.5000	1.4565	0.2967			
A3	1/4	1/3	1	1	0.0833	0.5373	0.1094			
A4	1/4	1/3	1	1	0.0833	0.5373	0.1094			
专家 5 判断矩阵					各行元素连乘	M_i 的 n 次方根	$\overline{w_i}$向量归一化	一致性检验		
	A1	A2	A3	A4	$M_i=\prod_{j=1}^{n}a_{ij}$	$\overline{w_i}=\sqrt[n]{M_i}$	$w_i=\overline{w_i}/\sum_{i=1}^{n}\overline{w_i}$	$\lambda_{\max}$	CI	CR
A1	1	1	3	4	12.0000	1.8612	0.3854	4.0206	0.0069	0.0072
A2	1	1	3	4	12.0000	1.8612	0.3854			
A3	1/3	1/3	1	2	0.2222	0.6866	0.1422			
A4	1/4	1/4	1/2	1	0.0313	0.4204	0.0871			

根据多人单准则计算方法，得出的效益因子下属指标权重值如表 5.5 所示。

表 5.5　效益因子下属指标权重表

	专家 1	专家 2	专家 3	专家 4	专家 5	各行元素连乘	规范化
A1	0.5000	0.4992	0.4067	0.4845	0.3854	0.018955020	0.8483
A2	0.2500	0.2891	0.4067	0.2967	0.3854	0.003361178	0.1504
A3	0.1250	0.1268	0.0723	0.1094	0.1422	0.000017827	0.0008
A4	0.1250	0.0848	0.1143	0.1094	0.0871	0.000011545	0.0005

按照指标筛选原则，即初选指标是按照权重由大到小顺序累计权重达到85%以上的指标可以入选，因此，效益因子下属的入选指标为总资产报酬率和成本费用利润率。

鉴于篇幅有限，下面直接将专家评定的指标筛选结果列于表5.6中。

表5.6 钢铁工业可持续发展竞争力评价指标终选体系

总指标	一级指标	二级指标	三级指标
综合竞争力	现实竞争力	效益因子	总资产贡献率
			成本费用利润率
		规模因子	粗钢产量占有率
			生铁产量占有率
			钢材产量占有率
	潜在竞争力	资源因子	铁矿石产量占有率
			焦炭产量占有率
		产品结构因子	高附加值产品产值率
			产品销售率
		科技因子	科技人员比例
			研发费用投入率
			申请专利数
		环保因子	污染物综合排放合格率
			吨钢综合能耗

通过对初选体系的指标进行筛选，得到指标终选体系如表5.6所示。这里需要说明一下，指标终选体系并不是一成不变的，需要定期根据实际情况对竞争力评估指标体系进行不断地修正。

五、部分指标含义说明

1. 效益因子指标说明

(1)总资产贡献率指标是反映资金占用的经济效益，说明了企业运用全部资产的收益能力，这里采用一个区域内全部企业总资产贡献率的平均值。用公式表示为：

总资产贡献率(％)＝(利润总额＋税金总额＋利息支出)/平均资产总额×100％

(2)成本费用利润率指标是企业一定期间的利润总额与成本、费用总额的比率。成本费用利润率指标表明每付出一元成本费用可获得多少利润，体现了经营耗费所带来的经营成果。该项指标越高，利润就越大，反映企业的经济效益越好，这里采用一个区域内全部企业成本费用利润率的平均值。用公式表示为：

成本费用利润率 ＝ 利润总额 / 成本费用总额×100％

2. 规模因子指标说明

(1)粗钢产量占有率指标是指某区域年度内的粗钢生产量占全国年度内粗钢生产量的百分比，用公式表示为：

粗钢产量占有率＝某区域年度内粗钢生产量／全国年度内粗钢生产量×100％

(2)生铁产量占有率指标是指某区域年度内的生铁生产量占全国年度内生铁生产量的百分比,用公式表示为:

生铁产量占有率＝某区域年度内生铁生产量／全国年度内生铁生产量×100％

(3)钢材产量占有率指标是指某区域年度内的钢材生产量占全国年度内钢材生产量的百分比,用公式表示为:

钢材产量占有率＝某区域年度内钢材生产量／全国年度内钢材生产量×100％

3. 资源因子指标说明

(1)铁矿石产量占有率指标是指某区域年度内的铁矿石生产量占全国年度内铁矿石生产量的百分比,该指标反映了该区域钢铁主要原料铁矿石资源的供应保障程度。一般来讲,该指标值越高,资源的供应保障程度也就越高。用公式表示为:

铁矿石产量占有率＝区域年度内铁矿石生产量/全国年度内铁矿石生产量×100％

(2)焦炭产量占有率指标是指某区域年度内的焦炭生产量占全国年度内焦炭生产量的百分比,该指标反映了该区域焦炭资源的供应保障程度。一般来讲,该指标值越高,资源的供应保障程度也就越高。用公式表示为:

焦炭产量占有率＝某区域年度内焦炭生产量/全国年度内焦

炭生产量×100%

4. 产品结构因子指标说明

(1)高附加值产品产值率指标是指某区域年度内生产的钢铁高附加值产品产值与该区域年度内钢铁工业总产值之比率,用以反映高附加值产品在整个产品中的构成情况。该指标值越高,说明该区域钢铁产品结构越优,用公式表示为:

高附加值产品产值率=该区域高附加值钢铁产品产值/该区域钢铁工业总产值×100%

(2)产品销售率指标反映了产品生产已实现销售的程度,是分析产销情况、衡量产品的品种、结构是否满足市场需求程度的一个指标,同时也体现了市场竞争能力的强弱,一般来讲,该指标值越高,说明产品的销售量越大,越符合市场需求,经营状况和发展前景越好。用公式表示为:

产品销售率=产品销售量/产品产量×100%

5. 科技因子指标说明

(1)科技人员比例指标从人力投入角度反映了该区域科研技术人员的结构和整体状况。一般来讲,该指标值越高,说明该区域的技术创新能力越强。用公式表示为:

科技人员比例=钢铁工业科技人员数量/钢铁工业在岗职工总数×100%

(2)研发费用投入率指标反映了对技术研发的重视程度和投

入力度，随着市场竞争的日趋激烈，技术已经成为企业的核心竞争力之一。一般来讲，该指标值越高，说明对技术研发的投入越多，对研发工作越重视，技术创新的积极性和可能性也就越大；反之，说明对研发的投入力度越低，技术创新也就越困难。用公式表示为：

研发费用投入率＝报告期研发费用支出/报告期产品销售收入×100％

(3)申请专利数指标反映了钢铁工业自主研发和创新能力。

6. 环保因子指标说明

(1)污染物综合排放合格率指标反映了在生产过程中对环境的管理和污染治理水平的情况。一般来讲，指标值越高，说明环境管理和污染治理水平越高，越能够实现可持续发展。用公式表示为：

污染物综合排放合格率＝报告期达到排放标准的因子数/报告期应考核的因子数×100％

(2)吨钢综合能耗指标是指在统计报告期内的每吨钢消耗的自耗能源量，它全面反映了投入的能源与产出产品之间的定量关系，综合反映了生产过程中能源的管理和利用情况，同时还反映了节能环保水平。一般来讲，该指标值越低，说明在生产过程中对能源的管理和利用效率越高，同时也能有效地降低产品成本，提高产品的市场竞争力。用公式表示为：

吨钢综合能耗指标＝自耗能源量 / 钢产量×100％

第二节　河北钢铁工业可持续发展竞争力实证评价分析

一、评价方法概述

在评价过程中，我们引入了一种全新的二维指标评价模型对河北钢铁工业可持续发展竞争力水平进行评价。该模型评价的基本思路是采用二维指标进行竞争力水平评价，一维指标是现实竞争力水平，用 *RCI* 表示，代表钢铁工业当前的、显性的竞争力水平；另一维是潜在竞争力水平，用 *QCI* 表示，代表钢铁工业未来的、隐性的竞争力水平，最后结合二维指标的情况，得出钢铁工业可持续发展综合竞争力水平用 *SCI* 表示。

具体来讲，河北钢铁工业可持续发展综合竞争力水平评估主要是根据评估指标数据，逐层计算出现实竞争力水平和潜在竞争力水平，并根据两者的总体情况判断行业综合竞争力发展水平。我们对现实竞争力水平（*RCI*）和潜在竞争力水平（*QCI*）进行如下界定：

当 $0 \leqslant RCI < 0.5$ 时，　　　　现实竞争力水平弱；

当 $0.5 \leqslant RCI \leqslant 1$ 时，　　　　现实竞争力水平强；

当 $0 \leqslant QCI < 0.5$ 时，　　　　　潜在竞争力水平弱；

当 $0.5 \leqslant QCI \leqslant 1$ 时，　　　　　潜在竞争力水平强。

我们对综合竞争力水平（SCI）做如下界定：

当 $0 \leqslant RCI < 0.5$，$0 \leqslant QCI < 0.5$ 时，综合竞争力水平（SCI）弱；

当 $0.5 \leqslant RCI \leqslant 1$，$0 \leqslant QCI < 0.5$ 时，综合竞争力水平（SCI）较弱；

当 $0 \leqslant RCI < 0.5$，$0.5 \leqslant QCI \leqslant 1$ 时，综合竞争力水平（SCI）较强；

当 $0.5 \leqslant RCI \leqslant 1$，$0.5 \leqslant QCI \leqslant 1$ 时，综合竞争力水平（SCI）强。

可以用图 5.1 表示为：

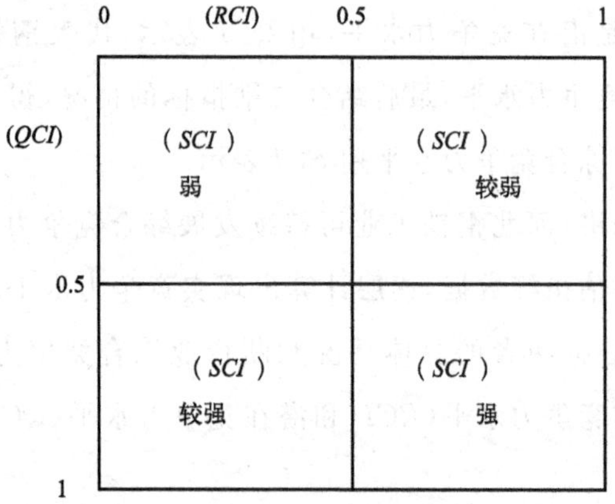

图 5.1　综合竞争力水平定义图

从图5.1我们可以看出，综合竞争力水平是根据一级指标值（现实竞争力水平和潜在竞争力水平）的二维组合得到的。而一级指标的测度则是通过对二级指标数据加权平均得到的，考虑到各二级指标对于一级指标的重要性相差无几，因此，在这里，给各二级指标赋予相等权重。二级指标数据的获取则是根据三级指标数值加权平均计算而来，这里需要解决两个问题：一个是三级指标数据如何规范化的问题；一个是三级指标的赋权问题，下面我们来逐一说明。

首先，对于三级指标数据规范化问题，我们采用以下方法确定：

(1)对于数据值越小越好的指标，取年度全国各省份中该指标值的最小者规范值为1，最大者规范值为0，则该指标的规范值为：

指标规范值=（指标值－最大值）/（最小值－最大值）

(2)对于数据值越大越好的指标，取年度全国各省份中该指标值的最大者规范值为1，最小者规范值为0，则该指标的规范值为：

指标规范值=（指标值－最小值）/（最大值－最小值）

其次，对于三级指标的权重，我们仍采用AHP法进行赋权，具体方法在前面已经介绍过，这里不再赘述。

下面，我们给出综合竞争力的评估步骤，如图5.2所示。

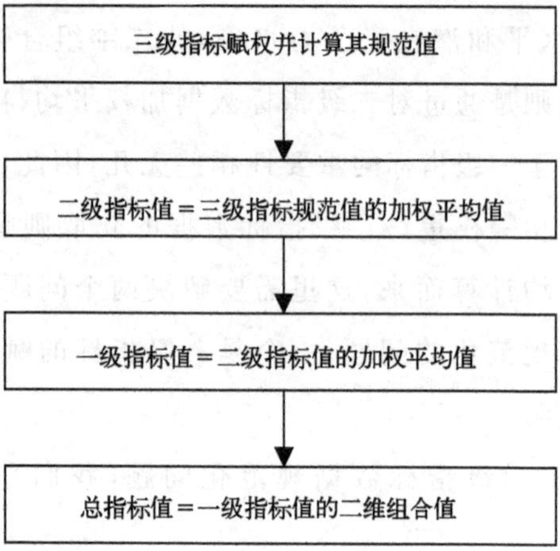

图 5.2　综合竞争力评估步骤

在这里需要说明几点：首先，鉴于全国各省份有关统计资料公布的滞后性，在此仅以 2004 年数据为分析样本进行评估；其次，由于数据资料的有限性和不完整性，本文选取了我国主要钢铁强省的有关数据进行横向比较分析，包括河北、山西、上海、安徽、山东、湖北、辽宁、四川 8 个省(市)，足以代表全国的平均水平；第三，由于部分省份有些指标数据的平均值未被统计，所以为了保证横向竞争力比较的可信度，我们以该省份重点企业的指标数据来代替该省份指标数据的平均值，更好地体现出比较的科学性和严谨性。

二、河北钢铁工业可持续发展综合竞争力评价

根据上述方法步骤，以 2004 年数据为例，评估河北钢铁工业可持续发展综合竞争力水平情况如下。

1. 三级指标规范值及其赋权计算

8 省份竞争力评价指标的基础数据如表 5.7 所示。

表 5.7　8 省份竞争力评价指标数据

省份	总资产贡献率(%)	成本费用利润率(%)	粗钢产量占有率(%)	生铁产量占有率(%)	钢材产量占有率(%)
河北	13.89	7.11	21	21	16
山西	15.31	7.9	4	7	4
上海	30.02	31.07	7	5	6
安徽	21.46	17.84	3	4	3
山东	11.89	10.51	7	7	7
湖北	20.64	21.04	5	5	7
辽宁	22.44	27.86	10	10	9
四川	8.95	4.68	4	4	3

省份	铁矿石产量占有率(%)	焦炭产量占有率(%)	产品销售率(%)	污染物综合排放合格率率(%)	吨钢综合能耗(kg/t)
河北	33	9	99.14	93.89	716.04
山西	5	31	99.4		862.07
上海	0	4	99.06	90.92	683.33
安徽	3	2	100.24	95.4	756

续表

省份	铁矿石产量占有率(%)	焦炭产量占有率(%)	产品销售率(%)	污染物综合排放合格率率(%)	吨钢综合能耗(kg/t)
山东	4	5	10015	95	698
湖北	2	2	99.9	95.16	774.5
辽宁	19	5	100.28	95.22	908
四川	8	4	99.83	—	960.1

资料来源:《中国钢铁工业统计年鉴2005》、《武钢年鉴2005》。

这里需要说明一点,由于数据资料采集的有限性,科技因子中的指标数据缺乏有效的数据资料,因此在下面的分析中,暂不考虑科技因子。

将表5.7中的原始数据进行标准化,得到的标准数据如表5.8所示。

表5.8 河北钢铁工业可持续发展竞争力评价指标标准化数值表

总指标	一级指标	二级指标	三级指标	
综合竞争力	现实竞争力	效益因子	总资产贡献率	0.23
			成本费用利润率	0.09
		规模因子	粗钢产量占有率	1
			生铁产量占有率	1
			钢材产量占有率	1
	潜在竞争力	资源因子	铁矿石产量占有率	1
			焦炭产量占有率	0.64
		产品结构因子	产品销售率	0.07
		环保因子	污染物综合排放合格率	0.63
			吨钢综合能耗	0.88

可持续发展竞争力评价指标的赋权方法仍采用 AHP 方法，具体描述见第二部分，鉴于篇幅有限，这里不再赘述赋权过程，现将赋权结果列于表 5.9 中。

表 5.9　钢铁工业可持续发展竞争力评价指标赋权

二级指标	指标名称	权值
效益因子	总资产贡献率	0.75
	成本费用利润率	0.25
规模因子	粗钢产量占有率	0.33
	生铁产量占有率	0.33
	钢材产量占有率	0.33
资源因子	铁矿石产量占有率	0.6
	焦炭产量占有率	0.4
产品结构因子	产品销售率	1
环保因子	污染物综合排放合格率	0.5
	吨钢综合能耗	0.5

2. 二级指标值计算

根据三级指标的标准化数值及其相应的权值，计算出二级指标值见表 5.10。

表 5.10　二级指标计算值

二级指标	计算值
效益因子	0.20
规模因子	1

续表

二级指标	计算值
资源因子	0.86
产品结构因子	0.07
环保因子	0.76

3. 一级指标值计算

前面介绍过，由于一级指标的测度则是通过对二级指标数据加权平均得到的，考虑到各二级指标对于一级指标的重要性相差无几，因此，在这里，给各二级指标赋予等权重。根据这一标准，计算得到一级指标值如表 5.11 所示。

表 5.11　一级指标计算值

一级指标	计算值
现实竞争力	0.60
潜在竞争力	0.56

4. 总指标结果合成

根据一级指标的计算结果，并参照综合竞争力水平的界定标准，当 $0.5 \leqslant RCI \leqslant 1$，$0.5 \leqslant QCI \leqslant 1$ 时，综合竞争力水平（SCI）强，因此河北省钢铁工业可持续发展综合竞争力水平为强。

三、河北钢铁工业可持续发展竞争力水平分析

根据上述河北钢铁工业可持续发展竞争力水平评价结果，我们可以看出，总体来讲，河北钢铁工业可持续发展综合竞争力水平属强档范畴，但我们通过客观地分析河北钢铁工业可持续发展竞争力水平情况，应该清楚地认识到河北钢铁工业可持续发展竞争力水平在相关领域还处于弱势地位，如不加强重视，最终会丧失河北钢铁工业的总体优势。

首先，虽然河北钢铁工业现实竞争力水平达到了 0.6，但是我们应当看到，其效益因子和规模因子的发展情况是不平衡的，换句话说，河北是全国的钢铁生产大省，这一点是有目共睹，不容置疑的，因此，规模因子的数值很高，达到了 1。也正是由于规模因子的数值较高，掩盖了效益因子较低的不足，从而提高了现实竞争力指标的水平。但是我们应当清醒地认识到，在钢铁工业激烈的现实竞争中，仅仅依靠规模大来实现竞争优势，是不能长远的，或者说只能是昙花一现，因为如果规模生产缺乏效益的支撑，最终会导致生产亏损，丧失产品的竞争力，因此，在提高现实竞争力方面，还需在保证规模的同时，将注意力进一步放在提升行业效益方面。

其次，就河北钢铁工业潜在竞争力水平来看，达到了 0.56，总体来看，河北钢铁工业具有发展后劲和潜力。但是，我们从其二级指标数据来看，发现其虽然资源因子和环保因子的数值较高，

但是产品结构因子很低,不尽如人意,如果不能很好地解决这一问题,最终将会导致潜在竞争力优势的丧失。因为,作为一个行业来讲,要想使其实现健康、可持续发展,优化其产品结构是一项非常重要的因素,如果一旦产品结构不合理,产品品种大众化,没有形成独特的拳头产品,必然会丧失产品竞争力,并最终丧失产品市场,即使资源再充沛,即使环保做得再好,也不能挽回其市场。因此,在不断提高潜在竞争力水平的同时,应将重点放在进一步优化产品结构方面,从而使河北钢铁工业潜在竞争力水平更上一层楼。

本章小结

本章主要从竞争力的角度探讨钢铁工业的可持续发展能力。为了客观地反映河北省钢铁工业可持续竞争力发展水平，本章首先构建出一套钢铁工业可持续竞争力评价指标体系，并采用一种全新的二维指标评价模型对河北钢铁工业进行实证评价，从评价结果中反映出河北钢铁工业可持续竞争力的水平，为制定河北省钢铁工业可持续发展策略提供了量化依据。

第六章

河北钢铁工业可持续发展战略

根据前文河北钢铁工业2004年可持续发展竞争力水平评估分析结果，我们给出了一些有针对性的分析，随着这几年河北钢铁工业的发展，又出现了一些新的趋势和特点，结合河北以及全国钢铁工业发展的实际情况，为进一步提高河北省钢铁工业自身的竞争力，最终实现河北省钢铁工业可持续发展的目标，提出如下战略建议。

1. 加强对宏观经济、政策的研究，确保规模的同时做好总量控制

一国的经济发展程度和社会发展状况与钢铁消费需求是密切相关的。国外发达国家的历史经验表明，一国从农业经济到工业经济到后工业经济，从工业化初期到工业化中期到工业化后期，对钢铁的需求呈由低到高，再由高到低的趋势规律。河北目前已经成为我国钢铁生产的大省，其粗钢、生铁以及钢材的生产量连续几年位居全国之首，作为这样一个钢铁生产大省来讲，首先要密切关注国家的宏观经济状况以及一些相关调控政策，把握经济发展趋势，分析政策利弊。其次，要研究经济发展速度与钢消费量之间的定量规律，并进一步分析经济发展速度对钢铁需求量的影响规律。最后，根据分析结果及时调整好河北的钢铁发展战略，做好应对经济波动及政策变化情况下的总量控制。因为如果不考虑外部经济发展环境，不考虑市场需求，而一味地强调扩大自己的生产规模，再加上这种“扩张生产规模”的行为往往会与其他地区的生产不约而同地叠加在一起，这样就必然会导致产品供大于求，进而引发价格大战。在这种无序的价格竞争中，我们的生产量越大，遭受的损失也就越大,从而使河北钢铁工业不自觉地陷入恶性循环中。因此,加强对宏观经济政策以及发展趋势的分析研究,合理控制生产总量是预防风险、实现可持续发展的一项有效措施。

2. 深入研究市场需求,准确定位产品结构

有需求才有市场,有市场才能使行业生存和发展。虽然河北是钢铁生产大省,但要进一步发展成为钢铁生产强省,就必须以市场为导向,以需求为目标,准确定位自己的产品结构,增强产品的市场适应性。

首先,要密切关注以钢铁为原料的下游行业,如汽车、家电、机械、建筑等行业的发展动向,了解他们对钢铁产品的种类以及性能等方面的实际需求和潜在需求,做到以市场为导向,合理调整产品结构,以满足市场需要。

其次,要有针对性地对自己和竞争对手尤其是世界钢铁巨头的主要大客户的发展战略、产品需求进行跟踪研究,结合自身优势,找准切入点,调整产品结构,使自身的产品能够实现以客户需求为目标,与客户发展进程同步,以进一步巩固和扩大客户群。

再次,要大力发展那些高质量、高技术含量、高附加值并且国内自给率较低的钢铁产品。近年来,我国每年进口的钢材中,由于国内生产能力不足或质量达不到用户要求而必须进口解决的钢材所占的比重相当大,这也为河北钢铁产品结构调整指出了一个发展方向。

最后,要加强与其他区域同行业的信息沟通。这样一方面可以了解行业整体的发展及市场变化的趋势，另一方面也有助于了解竞争对手的发展策略与意图，以便在竞争及发展策略方面与其达成更多的共识与默契，减小产品结构调整时的盲目性，实现产品的合理分工，从而可以有效地协调竞争行为，规范行业发展秩序，避免无序和恶性竞争行为，营造良好的竞争环境。

总之，通过对市场的分析以及与竞争对手的有效沟通，产品结构调整重点要放在对市场影响大的，极具国际竞争力的，并具有市场发展潜力，引领未来钢铁产品需求方向的产品上来。

3. 加强对资源的占有和控制，构建战略供应链

钢铁工业是一个资源、能源密集型行业，随着钢铁工业的快速发展，随之而来的资源、能源“瓶颈”问题也日益显现。因此，保证原材料的稳定、充足、低成本供应，对河北钢铁工业来讲就显得尤为重要。

据有关数据资料显示，2003 年我国铁矿石缺口约达 1.5 亿 t，其中河北省的缺口高达 8920 万 t，占行业需求的 58.9%。由于资源短缺，铁精粉的价格已出现了大幅上涨。并且，随着近些年我国经济的迅猛发展，基础设施工程建设、城镇建设以及各行业发展带来的用钢量大大增加，这也就意味着钢铁生产的铁矿石原料缺口将进一步加大。

另外，虽然河北焦炭产占全国焦炭产量的比重较高，但焦炭短缺缺口仍然较大，逐渐成为河北省钢铁业发展所面临的又一资源瓶颈。如 2002 年，河北生铁产量为 2921 万 t，焦炭缺口超过 500 万 t。

2003 年，河北省钢、铁产量分别比上年增长了 35.03％和 34.17％，但焦炭产量仅增长了 5.44％，随着近些年河北钢铁生产量的激增，焦炭的缺口在不断扩大，在某种程度上已经制约了河北钢铁业的发展。

而要实现原材料的稳定、充足与低成本供应，就必须广泛开展对外战略合作，建立完备、高效的全球资源保障体系，提高对资源的占有和控制能力，在全国乃至全球范围内，在更高层次上实现资源互补。

第一，要尽力降低采购成本。降低采购成本主要是指在采购铁矿石等重要的大宗原材料资源时，要加强省内乃至全国范围内钢铁企业的联合，防止一盘散沙、多头对外的格局，应采取集中规模化采购的方式，这样可以提高议价能力，有利于最大限度地发挥规模优势，降低采购成本，同时，这对于各大钢铁企业来讲也是一种“多赢”的方案。

第二，原材料资源供应要采取分层次、多种方式相结合的模式进行。对于省内及国内资源来讲，一方面，对自己的矿山资源，应采取适度开采的原则；另一方面，要继续加大对国内矿山资源勘探开发的投资力度，并将这部分资源作为应急储备资源。对于国外资源来讲，一方面，要与现有的国外供应商特别是具有垄断地位的供应商建立密切的合作关系，同时也要不断开拓新的供应商，通过签订长期合作协议以构建与供应商的稳定关系，确保大宗钢铁原材料稳定安全的供应；另一方面，也可以通过合作、合资、参股等方式直接勘探开发国外新的矿山资源，以加强对这些资源的战略控制。这种多渠道、多方位的资源供应体系是保证河北钢铁工业安全、稳定生产的重要前提条件。

4. 巩固扩大市场份额，加强战略联盟的构建

首先，要重视与钢铁下游用户建立长期、稳定的战略合作伙伴关系。这样有利于实现优势互补，互利互惠，通过构建一条较为稳定的供求链条，来巩固和稳定自己的市场占有率。

其次，通过建立完善的营销网络来进一步扩大市场份额，其中营销网络包括国内营销网络和国际营销网络。当前，河北大型钢铁企业的国内营销网络要比国际营销网络健全，所以大型钢铁企业要在完善国内营销网络的同时，重点开拓国际营销网络，因为产品出口量的多少是产品竞争力高低的一个突出体现。目前，国际上一些钢铁企业巨头已经将全球化销售作为其经营战略之一，因此，河北钢铁工业要想提升自己的国内乃至国际竞争力，不断巩固和扩大市场份额，除了产品本身的质量和性能过硬外，拓宽销售渠道，完善市场服务也是非常重要的。因此，一方面，我们要鼓励企业巩固和加强对特约代理、直供户和销售分公司的管理，通过不断改善企业与终端客户之间的关系，提供个性化、规范化以及便捷周到的营销服务来进一步建立广阔的客户群；另一方面，河北相关行政管理部门也可以利用自身的对外交流平台积极地为钢铁企业牵线搭桥，提供相应的信息咨询和服务，帮助企业进一步开拓国内外市场。

5. 推进资本经营战略，提高规模竞争力

资本经营是产品经营发展到一定阶段后的一种创新经营形式，也是企业乃至行业超常规发展的主要手段之一。现在世界上已少有钢铁企业再投资新建千万 t 能力以上的钢铁厂，而是采取收购兼并、联合重组等手段，通过资本运营的方式来形成集团优势。2001 年，法国阿塞勒、卢森堡雅贝德和西班牙阿塞拉西亚钢铁宣布合并，组成当时世界第一大钢铁公司——阿塞勒集团钢铁公司。2005 年，拉克希米・米塔尔宣布重组伊恩帕特国际集团和 LNM 集团，将美国国际钢铁集团公司收归名下，米塔尔钢铁公司成为了世界最大钢铁集团公司。日本新日铁、JFE（川琦制铁和日本钢管联合重组后的企业）以及韩国浦项等国际钢铁企业巨头也纷纷加快跨国并购及组建战略联盟的步伐。因此河北钢铁工业要想进一步发展壮大，就必须运用资本经营战略加快推进重组进程，提高竞争规模。

随着津西、建龙、国丰、宝业、德龙、普阳、文丰等一批民营钢铁企业的异军突起，河北钢铁业目前已形成国有、民营两种经济成分共同发展的新局面。截至 2004 年 9 月，河北省冶金行业企业的总数已经达到了 388 个，其中民营钢铁企业钢、生铁和钢材产量已分别占全省总量的 49%、52.8% 和 48.7%。河北省钢铁工业规模的不断扩大，其中近一半的产量是由非国有企业生产的，丰厚的利润无疑是吸引民营企业涌向钢铁业的主要原因。但这些民营企业的大量涌入同时也带来了一些问题，比如生产规模较小，低水平重复建设，污染能耗严重等，不能够形成规模效益，竞争力低下，同时使得大众化产品的竞争进一步加剧等。

当前，河北大型钢铁企业在自我发展阶段已经形成了较大资金和管理优势，为了快速、低成本地扩大规模，增强规模竞争力，可以采取自我投资－合资－并购－战略联盟相结合的经营发展模式，形成具有国际竞争力的大型强势企业集团，在提高企业规模竞争力的同时，实现河北钢铁工业的可持续发展目标。

6. 加快技术创新步伐

技术创新是一个行业持续发展的主要推动力。河北钢铁工业要以市场为导向，以产品为龙头，以培育核心竞争力为中心，以可持续发展为目标来开展技术创新活动。

首先，要完善技术创新机制建设。从技术创新的方式来看，要进一步探索产学研相结合的创新模式，从自主开发和对外深层次合作两方面展开。一方面，要充分发挥企业研发中心的自主创新能力；另一方面要广泛开展与国内外高校及科研院所的长期战略合作，充分利用各自的技术、资源及管理等方面的优势，有分工、有合作地开展技术创新活动。自主创新主要依靠钢铁企业的研发中心，重点从事新产品、新工艺、新技术和新装备等的自主开发和研究；而合作创新则主要依托国内外高校和科研院所，重点是要跟踪和研究世界冶金技术前沿发展动向，进行超前技术、工艺等的开发创新，这部分创新成果可以作为企业的“技术创新储备”。从技术创新的机制来看，要建立和完善以人为本的技术创新评价、激励、约束制度体系，以投入产出为核心的技术创新目标责任体系，以“双效”（效率和效益）相结合的科研管理体系，充分调动广大科技人员技术创新的积极性和创造性，进一步提高技术创新的效率。

其次，要加大技术创新的投入力度。在建立技术创新资金保障体系的同时，要注意资金的统筹合理规划，如资金投入要优先安排能形成核心技术、有效提高技术创新能力和核心竞争力的技术创新项目；另外，对于那些重大的、超前性的、可持续发展的技术创新项目要保证资金有计划、持续地投入，并要建立资金使用情况的检查和监督制度。

最后，要加强知识产权管理力度，提高科技成果转化率。一方面，要在技术创新中加强专利技术、专有技术等知识产权的保护工作；另一方面，要进一步理顺成果转化渠道，积极推进科技成果的产业化进程。研发部门要加强与生产、销售等部门的沟通与联系，加强信息的传递与反馈，同时进一步协调好设备、技术、试验、生产等环节，提高科技成果转化率。

本章通过对河北钢铁工业可持续发展现状以及可持续发展竞争力的评价结论进行分析，根据河北的具体省情，有针对性地从总量控制、准确定位产品结构、构建战略供应链、加强战略联盟、提高规模竞争力以及加快技术创新步伐等方面提出河北钢铁工业可持续发展的对策和建议，为相关部门制定政策提供一定的借鉴。

参考文献

彼得·马科斯. 2005. 中国钢铁:更加全球化,更多挑战,新的获胜战略[J]. 金属世界,(5).

曹凤中. 2003. 推行清洁生产是走新型工业化道理的必然选择[J]. 循环经济理论与实践,(4):8-10.

代丽华. 2005. 中国钢铁产业生命周期研究[D]. 沈阳: 东北大学博士论文.

段宁. 2004. 物质代谢与循环经济[J]. 循环经济和生态工业简讯,(3).

范柏乃,郑峰,马庆国. 1998. 可持续发展理论综述[J]. 浙江社会科学,(3).

方莉华,张才国. 2005. 循环经济概念的科学界定及其实质[J]. 华东经济管理,(3):83-85.

冯良. 2002. 关于推进循环经济的几点思考[J]. 节能与环保,(9):18-21.

冯之浚. 2007. 转变经济增长方式缓解环境压力 [J]. 中国经济周刊,(29):32-33.

冯之竣. 2004. 循环经济导论[M]. 北京:人民出版社.

付晓东. 2007. 循环经济与区域经济[M]. 北京:经济日报出版社.

高铁军. 2005. 唐山市钢铁工业可持续发展研究[D]. 天津: 天津大学博士论文.

高毅. 2007. 国际钢铁产业转移与影响因素实证研究——中国钢铁产业视角[D]. 上海: 复旦大学出版社.

国际钢铁协会. 2006. 钢铁:未来社会可持续发展的基石——世界钢铁业可持续发展报告[J]. 冶金管理,(5).

国家发改委经济研究所. 2004. 2004年钢铁工业景气分析预测[J]. 冶金管理,(3).

国家发展和改革委员会能源局. 2006. 中国能源统计年鉴[M]. 北京:中国统计出版社.

胡望明. 2005. 钢铁企业可持续发展研究[D]. 武汉:武汉理工大学博士论文.

嵇囡囡,郑洪波,张树深,张芸. 2006. 循环经济与钢铁工业的可持续发展[J]. 冶金能源,(2).

贾成厂. 2007. 世界钢铁业的重装与今后展望[J]. 金属世界,(1).

江泽民. 1995. 正确处理社会主义现代化建设中的若干重大关系——在党的十四届五中全会闭幕时的讲话[J]. 求实,(11).

解振华. 2005. 领导干部循环经济知识读本[M]. 北京:中国环境科学出版社.

金琳. 2003. 美国钢铁工业结构调整及世界主要钢材产品最新价格行情分析[J]. 中国冶金,(11).

金琳. 2008. 2007年世界主要地区钢铁工业生产成本分析和评估[J]. 冶金管理,(3).

金琳. 2006. 世界钢铁工业进入"新连续性周期"[J]. 冶金管理,(5).

金琳. 2007. 界钢铁工业未来十年的发展前景[J]. 冶金管理,(12).

金琳. 2003. 世界钢铁权威评述中国钢铁工业的影响及其风险[J]. 冶金管理,(9).

康宏亮. 2006. 依靠科技进步实现钢铁工业的可持续发展[J]. 工业加热,(5).

雷保中. 2006. 世界钢铁巨头米塔尔[J]. 产权导刊,(7).

李赶顺. 2002. 发展循环实现经济与环境的"双赢"[J] . 河北大学学报,(3).

李利剑,邢宗辉,郭新有. 2006. 我国钢铁企业的全球技术协同研究[J]. 科技进步与对策,(3).

李琳. 循环经济的由来. 海南新闻网,[2005-02-16] http://www.hndaily.com.cn/.

李新创,程继军. 2007. 强化钢铁节水,实现可持续发展[J]. 冶金经济与管理,(4).

李新创. 2007. 强大钢铁工业支撑中国经济高速发展[J]. 冶金经济与管理,(6).

李拥军. 2007. 对中国钢铁产业国际竞争力的剖析[J]. 中国钢铁业,(8).

廖美春. 2005. 世界500强中的钢铁企业及其特点[J]. 冶金管理,(2).

刘庆山. 1994. 开发利用再生资源缓解自然资源短缺[J]. 再生资源研究,(10):5-7.

刘燕. 2008. 新日铁公司战略目标:致力于中高级钢材生产世界第一的钢铁企业[J]. 冶金研究,(4).

路高辉,解念锁. 2008. 再生金属资源利用与钢铁工业可持续发展[J]. 科技信息,(12).

迈克尔·波特. 2003. 竞争战略[M]. 北京:华夏出版社.

毛如柏,冯之竣. 2003. 论循环经济[M]. 北京:经济科学出版社.

孟广寿,高岩,丁磊. 2008. 中国钢铁业“世界第一”之痒[J]. 新财经,(8).

牛雅芳,付静,杨婷. 2007. 世界主要产钢国家钢铁工业的竞争力研究[J]. 冶金信息导刊,(6).

潘秀兰,郭艳玲,梁慧智. 2006. 米塔尔钢铁集团的全球并购发展战略[J]. 冶金信息导刊,(3).

戚水仙,高少平. 2003. 巴西——世界钢铁企业投资的热土[J]. 拉丁美洲研究,(3).

戚向东. 2003. 我国钢铁工业步入高增长期的思考.冶金管理,(8).

曲格平. 2002. 发展循环经济是21世纪的大趋势[J].当代生态农业,(11):34-380.

任勇,吴玉萍. 2005. 中国循环经济内涵及有关理论问题探讨[J].中国人口、资源与环境,(4):131-136.

孙继青. 2007. 2007年上半年世界钢铁市场运行回顾及展望[J].冶金管理,(7).

孙佑海,赵家荣. 2008. 中华人民共和国循环经济促进法解读[M].北京:中国法制出版社.

孙育红. 2010. 循环经济引论——可持续发展的路径选择[M].长春:吉林大学出版社.

谭英平. 2006. 我国钢铁企业竞争力国际比较[J].中国统计,(3).

汪桢武,沈永淦. 1992. 二十一世纪初世界钢铁工业展望[J].冶金部信息标准研究院.

王庐嘉. 2004. 我国钢铁工业可持续发展的几点思考[J].中国经贸导刊,(22).

王明权. 2006. 天丰钢铁循环经济发展战略[D].天津:河北工业大学博士论文.

王明宇. 2007. 全球“围堵”中国钢铁业[J].中国经济周刊,(33).

王思薇. 2006. 浅议钢铁企业可持续发展的途径[J].冶金管理,(7).

王晓兰. 2004. 世界钢铁的生产与消费[J].中国科技财富,(11).

王晓兰. 2004. 世界钢铁的生产与消费[J].中国科技财富,(27).

威廉·史蒂文森. 2000. 生产与运作管理[M].北京:机械工业出版社.

吴季松. 2005. 新循环经济[M]. 北京:清华大学出版社.

徐匡迪. 2003. 中国国民经济的发展与钢铁工业[Z]. 中国冶金,(12).

徐丽花. 2007. 钢铁工业发展循环经济现状研究[D]. 上海:同济大学博士论文,(4).

徐世杰. 2007. 世界主要国家钢铁工业节能环保发展战略[J]. 冶金信息导刊,(4).

徐晓燕. 2008. 世界铁矿石价格的变动对我国钢铁业的影响分析[D]. 吉林:吉林大学博士论文.

许家林,孟凡利. 2004. 环境会计[M]. 上海:上海财经大学出版社.

杨姝琴,郑洪超. 2007. 中国钢铁工业国际竞争力的实证研究[J]. 技术经济与管理研究,(6).

杨婷. 2007. 世界钢铁工业格局的演变[J]. 冶金信息导刊,(5).

姚玉英. 2006. 钢铁企业环境成本研究[D]. 北京:北京林业大学博士论文.

叶茂升. 2007. 国际钢铁保障措施对我国的影响——基于我国钢铁企业的实证研究[J]. 武汉科技学院学报,(5).

殷瑞钰. 2003. 中国钢铁工业的成就、命题和展望. 冶金管理,(5).

袁伟刚. 2008. 2007 年全球钢铁企业粗钢产量排名揭晓[J]. 冶金管理,(3).

曾涛,赵星. 2002. 美国的可持续发展战略探析[J]. 湖南社会科学,(4).

张凯. 2004. 循环经济理论与实践研究[M]. 北京:中国环境出版社.

张思锋,周华. 2004. 循环经济发展阶段与政府循环经济政策[J]. 西安交通大学学报,(9):23 25.

张伟. 2011. 产业经济与循环经济的关系[M]. 北京:经济科学出版社.

张志强. 2003. 可持续发展下的生态经济学理论透视[J]. 中国人口、资源与环境,(13).

张智恒. 2004. 中国钢铁工业现状与发展趋势研究[D]. 西安：西安建筑科技大学博士论文.

招冀，段毅军. 2002. 全球钢铁业发展六大特点[J]. 冶金管理，(5).

赵海东. 2007. 江西工业竞争力评价与分析. 求实[J]，(11)：64-67.

赵燕娜，朝霞. 2006. 我国大型钢铁企业可持续发展对策研究[J]. 科学管理研究，(4).

郑玉春. 2008. 2008年世界钢铁工业展望[J]. 冶金管理，(1).

郑玉春. 2006. 世界钢铁工业的发展及对铁矿石的需求分析[J]. 冶金管理，(1).

中国社会科学院工业经济研究所. 1999. 中国工业发展报告[M]. 北京：经济管理出版社.

李拥军. 面临环保瓶颈中国钢铁业探寻突围之路[N]. 中国工业报，2007-08-06.

中华人民共和国循环经济促进法[M]. 北京：中国法制出版社，2008.

周宏春. 2002. 循环经济：一个值得重视的发展趋势[J]. 新经济导报，(14)：70-730.

朱德莉. 2006. 我国钢铁工业发展循环经济的模式研究[D]. 长沙：湖南大学博士论文.

诸大建. 1998. 可持续发展呼唤循环经济[J]. 科技导报，(9)：39-42.

邹宽，戴坚. 2002. 坚持全方位应用先进节能技术，保持世界钢铁工业能源消耗先进水平[J]. 上海节能，(2).

Adams K. 2004. 全球钢铁业长远发展的基石[J]. 冶金管理，(10).

Barbier E B. 1989. Economics, Natural Resources, Scarcity and Development [J]. *Conventional and Alternative Views*.

Christmas I. 2004. 处于十字路口的钢铁工业——谈世界钢铁工业与国际钢铁协会工作[J]. 冶金管理,(10).

Chubbs S T S B A. 1997. Life cycle assessment in the steel industry[J]. *Waste Management Assoc*.

Devins N. 2002. The Steel Seizure Case: One of a Kind[J]. *Constitutional Commerntary*,(3).

Ewers R. 2002. 德国钢铁工业的可持续发展[J]. 炼钢,(4).

Gan L, Luo L Q. 1999. Classification and prediction of geological samples by principal component analysis[J]. Kao Teng Hsueh Hsiao Hua Heush Hsueh Pao/*Chemical Journal of Chinese Universities*.

Gilbert N. 1989. Global Strategies: Foreign Firms' Resources Drive U. S. Steel Revival[J]. *Management Review*,(9).

Grossfeld J. 2007. Leo the Linchpin[J]. *The American Prospect*,(8).

Hasselman T, Yap K, Yan H E. 2002. Statistical energy analysis by principal components for mid-frequency analysis[J]. *American Inst. Aeronautics and Astronautics Inc.*.

Hongwen Y, Rui M X. 2005. A novel fuzzy comprehensive evaluation approach based apriori algorithm for unit's bidding ability assessment[J]. *Computer Society*, *Piscatawag*.

Hsu C I W Y H. 1998. Improved grey prediction models for the trans-Pacific air passenger market[J]. *Transportation Planning and Technology*.

Iimura O. 2004. 日本钢铁工业环境保护措施[J]. 中国冶金,(5).

IUCN,UNEP,WWF. 1992. 保护地球—可持续性生存战略(Caring for the Earth)[M]. 北京:中国环境科学出版社.

J. P. 1996. Cost of free capacity[J]. *Int. J. Production Economics.*

Kellerman F. 2008. The Mercedes Coffin[J]. *Booklist.*

Kopfle J. 2008. Direct reduction's role in the world steel industry[J]. *Ironmaking and Steelmaking*, 4.

Liu B Z, Zhu T Y. 2005. Multilevel fuzzy comprehensive assessment for forewarning grade of voltage state and tendency in power systemsMultilevel fuzzy comprehensive assessment for forewarning grade of voltage state and tendency in power systems[J]. *Power System Technology.*

Liu H Z. 2004. Study on the relationship between manager's private benefits and over-investment[J]. Xitong Gongcheng Lilun yu Shijian/*System Engineering Theory and Practice.*

Moberg D. 2002. A Parade to Oblivion[J]. *The American Prospect*, (2).

Price D. 2007. Steel World[J]. *Ironmaking and Steelmaking*, (3).

Ritchie M. 2008. It's a brave new world for nippon steel's incoming chief[J]. *American Metal Market*, (4).

Saegusa R, Sakano H H S. 2004. Nonlinear principal component analysis to preserve the order of principal components[J]. *Neurocomputing.*

Sweeney T. 2004. 全球钢铁工业纵览——中国超过日本成为世界最大的铁矿石进口国,掀起全球铁矿石产销热潮[J]. 国土资源情报,(8).

Takane Y H M A. 2001. Constrained principal component analysis: A comprehensive theory[J]. *Applicable Algebra in Engineering, Communications and Computing.*

Tao Y X. 1998. Fuzzy comprehensive assessment, fuzzy clustering analysis and its application for urban traffic environment quality evaluation[J].

Transportation Research.

Tsao C S. 2003. Steel Production and Resource[J]. *Applied Economics*, (5).

van Meyer E L D E. 2000. Development of energy model based on total daily irradiation and maximum ambient temperature[J]. *Renewable Energy*.

Wasste D. 2007. Two different worlds with steel futures' fate in between[J]. *American Metal Market*, (8).

W L. 1992. Life-cycle-oriented method for development and production of large-scale industrial mathematics software[J]. *Computers in Industry*, (18).

Xiang H, Zhu S, Wang H E A. 2005. Fuzzy comprehensive assessment of short-term traffic flow forecasting[J]. Wuhan Ligong Daxue Xuebao (Jiaotong Kexue Yu Gongcheng Ban)/Journal of Wuhan University of Technology (Transportation Science and Engineering).

Zhou P, Ang B W P K L. 2006. A trigonometric grey prediction approach to forecasting electricity demand[J]. *Energy*.

附录

附录一

河北省人民政府
关于控制钢铁产能推进节能减排
加快钢铁工业结构调整的实施意见

冀政〔2010〕123号

各设区市人民政府，各县（市、区）人民政府，省政府各部门：

为贯彻落实《国务院批转发展改革委等部门关于抑制部分行业产能过剩和重复建设引导产业健康发展若干意见的通知》（国发〔2009〕38号）、《国务院关于进一步加强淘汰落后产能工作的通知》（国发〔2010〕7号）和《国务院办公厅关于进一步加大节能减排力度加快钢铁工业结构调整的若干意见》（国办发〔2010〕34号）精神，加快我省钢铁工业结构调整，促进产业结构优化升级，结合我省实际，制定本实施意见。

一、充分认识加强钢铁工业结构调整的重要意义

钢铁工业是我省最重要的战略支撑产业，为促进全省经济社会发展做出了重要贡献。但在多年快速发展中，也积累了重复建设严重、产业集中度低、布局不尽合理、创新能力不强、资源环境压力加大等一些亟待解决的深层次矛盾和问题。加快钢铁工业结构调整，是深入贯彻落实科学发展观、实现经济平稳较快发展的要求，是加快转变发展方式、调整优化产业结构的要求，是破解发展瓶颈、优化发展环境的要求，是推进节能减排、实现富民强省的要求，是推动企业可持续发展、提高核心竞争力的要求。各地各有关部门要充分认识推进全省钢铁工业结构调整的重要性和紧迫性，进一步统一思想，正确处理速度与效益、局部与整体、当前与长远的关系，扎扎实实抓好组织实施。

二、严格控制生产总量

坚决贯彻国务院的决策部署，以市场需求和国家产业政策为导向，加快淘汰落后产能，推进减量技术改造和兼并重组，实施“走出去”战略，严格控制生产总量，以各地已确认的钢铁企业主体装备数量为基准，坚决控制各地未经批准建设的所有钢铁项目。根据国家固定资产投资有关规定，钢铁类项目一律由省级及以上投资管理部门办理批准手续，其中凡新增产能的炼铁、炼钢、轧钢等项目一律由国务院固定资产投资管理部门核准。今后对所有违规、越权审批钢铁的建设项目，发展改革、工业和信息化、商务、国土资源、环境保护、水利、质监、海关、金融等部门不予办理相关手续，供电、供水单位不予供电、供水，违反规定的要严肃追究有关部门和单位责任。省发展改革委要牵头组织对2005年以来建设的钢铁项目进行清理，认真查处越权审批、未批先建、边批边建等行为，依法追究相关负责人的责任。

三、坚定有序淘汰落后钢铁产能

要按照国家产业政策要求，坚决淘汰 400 m^3 及以下高炉、30 t及以下转（电）炉，有关设区市要按照国家和省下达的淘汰落后钢铁产能年度计划，制定具体实施方案并分解到有关县（市、区）及企业。省工业和信息化厅要加强对淘汰落后钢铁产能工作的督促检查，切实抓好相关政策、措施的落实。对未完成淘汰落后钢铁产能的，严格执行建设项目“区域限批”规定。将淘汰落后产能纳入政府考核体系，参照《河北省人民政府关于印发节能减排统计监测及考核实施方案和办法的通知》（冀政〔2008〕50 号）规定，对淘汰落后工作进行考核，对瞒报、谎报的要依法依纪追究相关人员责任。

四、支持钢铁企业升级减量改造

积极创造条件争取国家支持，鼓励符合国家产业政策和我省钢铁产业规划布局的企业，运用高新技术和先进适用技术，以质量品种、节能减排、环境保护、改善装备、安全生产等为重点，对落后产能进行升级改造，按照“减量置换”的原则，对完成淘汰落后产能任务较好的地区实施先拆后建的技术改造和兼并重组项目，经综合平衡后可优先予以核准、备案。鼓励支持有资金和技术优势的企业“走出去”投资钢铁生产企业。

五、推动钢铁企业兼并重组

省发展改革委要按照控制总量、淘汰落后、兼并重组和搬迁改造相结合的原则，尽快制定全省钢铁产业布局规划，促进钢铁生产能力向沿海、资源和市场优势明显的地区转移，进一步优化全省钢铁产业布局。把省内所有钢铁企业纳入调控范畴，实行统一规划、合理布局、控制总量、有序发展。按照市场化运作、企业自愿、政府引导的原则，支持全省各类钢铁企业开展兼并重组。鼓励有关设区市、县(市、区)政府积极推动本行政区域或跨行政区域钢铁企业的兼并重组；支持河北钢铁集团开展跨地区、跨所有制兼并重组，打造成为具有较强国际竞争力的特大型钢铁企业集团；培育3～5家具有较强实力和明显竞争优势的大型钢铁企业集团；到"十二五"末，全省有冶炼能力的钢铁企业(集团)减少到10家左右；力争省内生产规模排名前5位的钢铁企业(集团)钢产量占全省产量的比例由2009年的48％提高到2015年的75％以上。鼓励支持上下游产业链重组，创造重组整合新优势、新途径、新模式，推动全省钢铁工业结构调整迈上一个新台阶。对具备重组条件不积极参与重组的钢铁企业，不允许其落后产能就地改造，并采取收缩信贷、限制供电等措施，促其退出钢铁行业，确保钢铁产业重组顺利进行。有关设区市政府要于2010年11月底前将本地2010至2011年钢铁企业兼并重组方案报送省工业和信息化厅。

六、加强钢铁行业生产经营规范管理

认真贯彻落实工业和信息化部等有关部门《钢铁行业生产经营规范条件》(以下简称《规范条件》)，从产品质量、环境保护、能源消耗和资源综合利用、工艺装备、生产规模、安全卫生和社会责任等方面对现有钢铁企业实行规范管理。省工业和信息化厅要抓紧牵头制定《河北省钢铁行业生产经营规范条件初审实施细则》并组织实施。对不符合《规范条件》的钢铁企业，要采取措施使其逐步退出市场。发展改革、工业和信息化、环境保护、国土资源、工商、质监、安全监管等部门要加强监督检查，促进钢铁企业依法经营、规范管理。

七、推进钢铁工业节能减排

大力推广节能减排新技术、新工艺，加强和完善废钢铁综合利用，鼓励发展短流程炼钢，提高"三废"综合治理和利用水平。省发展改革委牵头制定鼓励余热、余压发电项目并网政策，省有关部门要抓好钢铁企业能源管理中心示范项目建设，落实产品能耗限额标准，推进节能降耗对标行动。

八、完善约束激励政策

继续对落后钢铁生产设施执行差别电价、水价政策，省发展改革委会同有关部门研究完善差别电价、水价征收和奖惩等可操作性措施，加强对实施差别电价、水价的监督检查，确保政策落到实处。省有关部门要加强对企业能耗限额标准、环境保护的监督检查，对达不到钢铁产业能耗和排放标准的企业及装备实行限期整改。在整改期间对企业用电采取限制措施，到期不达标者一律强制关停。重点支持符合国家产业政策和我省钢铁规划布局的兼并重组、技术改造项目，在技术改造资金、节能减排资金、投资项目审批、核准、备案、土地供给、融资等方面给予支持。

九、实行钢铁建设项目问责制

以各地确认的钢铁企业主体装备数量为基准，今后凡未经审批和越权审批的违规钢铁建设项目，对所在地政府进行问责，设区市、县(市、区)政府的主要领导和主管领导不得参加评优评先，视情况依法依纪给予严肃处理。

二〇一〇年十月二十七日

附录二

河北省工业和信息化厅河北省环境保护厅关于印发《河北省钢铁工业节能减排实施意见》的通知

冀工信节〔2010〕385 号

各设区市工业和信息化局、环境保护局，省冶金行业协会，河北钢铁集团，相关单位：

为深入贯彻科学发展观，落实《国务院办公厅关于进一步加大节能减排力度加快钢铁工业结构调整的若干意见》、工业和信息化部《关于钢铁工业节能减排的指导意见》，加快我省钢铁工业结构调整和产业升级，切实转变发展方式，促进钢铁工业科学发展、清洁和可持续发展，我们制定了《河北省钢铁工业节能减排实施意见》，现印发给你们，请遵照执行。

二○一○年九月十九日

河北省钢铁工业节能减排实施意见

为深入贯彻科学发展观，落实《国务院办公厅关于进一步加大节能减排力度加快钢铁工业结构调整的若干意见》、工业和信息化部《关于钢铁工业节能减排的指导意见》，加快我省钢铁工业结构调整和产业升级，切实转变发展方式，促进钢铁工业科学发展、清洁和可持续发展，特制定本实施意见。

一、发展现状

钢铁工业是我省的支柱产业，也是能源资源消耗和污染排放的重点行业。2009 年，全省粗钢产量突破 1.3 亿 t，占全国粗钢产量的 23％，能源消耗占全省总能耗的 32.27％、全省工业总能耗的 42.85％；新水消耗占全省工业的 9.76％；二氧化硫、氮氧化物和烟尘排放量分别占全省工业的 23.38％、22.75％、32.08％。

近年来，我省钢铁工业节能减排不断取得进步。2009 年，重点钢铁企业吨钢综合能耗 597.48 kg 标准煤，吨钢可比能耗 585.34 kg 标准煤，吨钢耗新水 3.61 立方米，居国内同行业先进水平；吨钢二氧化硫、化学需氧量、工业烟粉尘排放量有较大幅度的降低；钢渣、高炉渣、尘泥利用率较高，分别达到 90％、99％和 99％以上。

当前，我省钢铁工业节能减排工作仍面临着以下几个方面的问题：

一是能源利用效率仍有差距。按照工序能耗计算，2009 年重点钢铁企业中 37.0％的烧结工序、17.2％的炼铁工序、73.1％的转炉工序、22.2%的焦化工序能耗高于国家强制性标准限定值；焦炉煤气、高炉煤气、转炉煤气放散率分别为0.83%、5.34%和18.05%，余热余压资源回收利用率较低。

二是主要污染物排放控制有待加强。重点大中型企业吨钢烟粉尘、二氧化硫排放量与国外先进钢铁企业相比尚有较大差距；氮氧化物、二噁英等污染物减排尚处于研究探索阶段。

三是固体废物综合利用技术水平偏低。虽然在重点钢铁企业中，大宗固废的利用率较高，但利用的技术水平不高，产品的附加值较低，综合利用的水平亟待提高。

四是落后产能依然存在。400立方米及以下高炉、30t及以下转炉等落后装备仍占一定比例，淘汰落后产能工作有待进一步加强。

五是先进技术推广力度不够。重点大中型企业高炉干式炉顶压差发电(TRT)、干熄焦、转炉干法除尘配备率低，煤调湿技术尚未得到应用。先进节能减排技术推广应用的激励机制尚未完全建立，技术规范尚不完善，企业能源环保管理水平还有待进一步提升。

二、指导思想

以科学发展观为指导，贯彻落实《钢铁产业发展政策》，以降低钢铁生产能源资源消耗和减少废物排放为目标，加强技术和机制创新，加大淘汰落后产能力度，加快先进适用节能减排技术的推广应用，强力推进清洁生产，强化节能减排监督管理，全面提升我省钢铁工业节能减排水平，推动我省钢铁工业转变发展方式，努力构建资源节约型、环境友好型钢铁工业。

三、主要目标

2011年底，全省重点钢铁企业吨钢综合能耗不超过595 kg标准煤；吨钢耗新水低于3.5立方米，水重复利用率95%以上；吨钢烟粉尘排放量小于1.0 kg，吨钢二氧化硫排放量低于1.8 kg，二次能源回收利用率明显提高；年新增35万t标煤的节能能力，污染物排放浓度和排放总量双达标。

到"十二五"末，重点钢铁企业能耗、水耗达到国内先进水平。吨钢综合能耗不超过590 kg标准煤，主要生产工序能耗全部达到国家和省《粗钢生产主要工序单位产品能源消耗限额》和《焦炭单位产品能源消耗限额》限定值；全面实施综合污(废)水回收利用，钢铁联合企业基本实现废水"零"排放；运行烧结机全部实现全烟气脱硫，有条件的球团生产设备实施烟气脱硫，吨钢二氧化硫排放达到1.0 kg以下，单台烧结面积180 ㎡以上烧结机要实现脱硝工程，氮氧化物、二噁英等污染物排放得到有效控制；冶金废渣基本实现综合利用，尾矿综合利用率较大幅度提高，废钢循环利用水平大幅提升。全省钢铁企业基本达到"清洁生产企业"以上水平，重点钢铁企业基本达到"清洁生产先进企业"水平。全省重点钢铁企业基本建设成为资源节约型、环境友好型企业(以下简称"两型"企业)。

四、主要任务

(一)坚定有序淘汰落后产能

严格执行国家钢铁产业政策等淘汰标准，加大落后产能工作力度，制定和落实年度淘汰落后计划，确保2011年底前淘汰400立方米及以下高炉、30t及以下炼钢转炉和炼钢电炉等落后技术装备。

（二）深入开展能效对标达标

督促钢铁企业对照GB 21256—2007《粗钢生产主要工序单位产品能源消耗限额》、GB 21342—2008《焦炭单位产品能源消耗限额》、GB 21341—2008《铁合金单位产品能源消耗限额》标准和国内外先进企业的能效值，开展对标达标活动，不断挖掘节能减排潜力。省冶金行业协会要建立和完善全省钢铁行业能效对标信息平台，定期发布主要工序能耗领先水平和领先企业名单，引导钢铁企业开展对标达标活动。

（三）加大配套设施建设力度

钢铁企业改建项目必须同步配套建设节能环保设施。高炉应配套余压发电装置和煤粉喷吹装置，烧结机配套烟气脱硫脱硝和余热回收利用装置，焦炉配套干熄焦及收尘、煤气脱硫装置，焦炉、高炉、转炉配套煤气回收装置，铁合金矿热电炉配套烟尘回收处理、余热和煤气回收装置等。

（四）加强企业节能减排管理

督促钢铁企业建立能源管理负责人制度，设立能源、环保管理岗位，健全企业内部能源环保管理机构，建立和完善企业能源管理体系、环境管理体系。

积极支持重点钢铁企业新建或改造能源管理中心，实现能源管理信息化、数字化及自动化，应用信息技术对能源输配和消耗情况实施动态监测、控制和优化管理，不断加强能源的平衡、调度、分析和预测，实现系统性节能降耗，显著提高企业科学用能、科学管理水平。

按照GB/T 17166－1997《企业能源审计技术通则》，组织企业开展能源审计，按照GB/T17954－2007《工业锅炉经济运行》，组织企业开展工业锅炉能源利用效率测试。依据GB/T 3484－2009《企业能量平衡通则》、GB/T 13338《工业燃料炉热平衡测定与计算基本规则》、GB/T 2587－2009《用能设备能量平衡通则》，组织企业开展能量平衡测定工作，找出企业在能源利用方面的问题，提出解决的方法并加以实施，降低能源消耗。

(五)大力推广新技术应用

焦化工序加强焦炉改造，重点发展高压干熄焦、煤调湿，对焦化废水深度处理回用；烧结工序加强烧结余热利用；炼铁工序强化高炉喷煤、高炉干式TRT，鼓励建设BPRT；转炉工序提升煤气回收利用水平，发展干法除尘、低压饱和蒸汽利用；热轧工序积极推广应用蓄热式加热炉、热送热装和无头轧制。钢铁企业要做好全煤气高温高压锅炉、燃气蒸汽联合循环(CCPP)热电联产、饱和蒸汽余热发电、清污分流、循环串级供水技术等技术的应用，全流程系统优化和提升煤气、余热、余压资源回收利用。

(六)加强企业节电节水工作

鼓励企业积极采取综合节电措施，推广应用变频调速、节能型变压器、高效风机水泵、无功补偿节电、蓄冰空调和余热制冷等技术，实施电力需求侧管理，按照GB/T 8222－2008《用电设备电能平衡通则》开展电平衡测试，强化用电管理。

贯彻实施《河北省钢铁企业节水技术导则》，规范全省钢铁工业节水工作，降低吨钢新水消耗。研究制定《河北省节水型钢铁企业评价指标体系》，开展创建节水型钢铁企业活动。鼓励钢铁企业开展城市中水、淡化海水等非常规水资源替代。

开展企业水平衡测试和企业用水审核工作。企业要根据GB/T 17639－1998《取水许可技术考核与管理通则》、GB/T 12452－2008《企业水平衡测试通则》开展企业水平衡测试工作，找出企业用水方面的薄弱环节，提出节水技术措施，进行节水技术改造，提高水的重复利用率。

（七）完善计量器具配备使用

钢铁企业要按照*GB*17167－2006《用能单位能源计量器具配备和管理通则》，严格落实能源计量器具配备和管理要求，准确记录能源计量数据，提高对能耗和排放计量检测的准确性和计量数据的分析能力，用能源计量数据指导企业生产，发挥计量工作在节能减排中的作用，积极开展测量管理体系认证工作。

（八）全面推行清洁生产工作

积极支持钢铁企业编制清洁生产规划，开展钢铁企业清洁生产审核工作，实施清洁生产审核中提出的技术、经济、环境上可行的中高费方案。推广应用烧结烟气循环富集技术、高炉喷吹废塑料技术、洁净钢生产系统优化技术、转炉炼钢自动控制技术、转底炉处理含铁尘泥生产技术、废水膜处理回用技术等典型清洁生产工艺技术。

（九）开展“两型企业”创建活动

推荐具备条件、有代表性的钢铁企业，创建国家级“两型”企业，并选择一些基础较好的企业开展省级试点，争取在较短时间内建设一批“两型企业”示范典型，推动全行业向资源节约型、环境友好型发展模式转变。

（十）加快构建循环经济模式

开展钢铁工业循环经济试点，支持和引导省内重点钢铁企业加快建立以钢铁企业为中心，集钢铁生产与化工、建材、能源转换等行业为一体的循环经济发展模式，实现资源共享、废物综合利用。

推进钢铁生态工业园区建设，支持钢铁企业建立废物消纳中心，对工业废物、废橡胶、废塑料等废弃物尤其是有毒有害固体废物进行消纳处理，推进钢铁企业与社会环境和谐发展。

努力推进废钢循环利用。充分利用国内外两种资源，加强废钢铁供应基地建设。围绕车辆、舰船、机械、家电等机电产品报废拆解，大力推进废钢铁资源分类分级高效利用。支持省内大型钢铁企业开拓国外供应渠道，更好地利用境外废钢资源。

（十一）推进冶金废渣综合利用

重点解决冶炼废渣高附加值利用、粉煤灰及尾矿综合利用问题。探索钢渣磁选后尾渣等固体废物综合利用技术和途径，推进钢铁渣微粉加工、氧化铁皮生产粉末冶金利用；加强矿山企业尾矿综合利用，做好废弃尾矿有价组分复选回收工作，做好闭库尾矿库、排岩场生态恢复治理。推广尾矿生产建材、干排填埋塌陷区、胶结充填采空区等尾矿综合利用技术。

（十二）推行合同能源管理模式

充分发挥市场机制作用，积极推行合同能源管理，加快节能新技术、新产品的推广应用，促进节能服务产业发展，不断提高能源利用效率。鼓励大型钢铁企业成立面向钢铁行业服务的专业节能服务公司，扶持培育一批专业化钢铁行业节能服务公司，建立比较完善的节能服务体系，使合同能源管理成为钢铁行业实施节能改造的主要方式之一。

（十三）抓好烧结烟气脱硫脱硝工作

认真落实《河北省钢铁行业烧结烟气脱硫指导意见》，组织开展脱硫脱硝技术后评估工作和技术、经验交流活动，指导企业合理选择脱硫脱硝技术工艺，实施脱硫脱硝工程。已运行的脱硫设施不能稳定达标排放的、脱硫效率达不到设计要求的、实际使用原材料硫份超过设计标准的、烟气不能全部实现脱硫的要完成技术改造。

五、保障措施

（一）严格准入条件

按照《钢铁行业生产经营规范条件》，把节能减排指标作为项目准入的重要标准，加强钢铁行业项目建设节能评估审查、水资源论证和环境影响评价，执行国家钢铁行业能耗、排放强制性标准，加快制定《河北省钢铁企业大气污染物排放标准》，从源头上把好能耗和污染排放关。研究按照节能环保标准甄别落后产能的机制，把钢铁行业能耗、环保及清洁生产等指标作为界定落后产能的主要标准，定期公告淘汰落后产能企业名单，进一步完善落后产能退出的政策机制，加大政策执行力度。

(二)实施政策引导

加快研究出台鼓励钢铁企业开展二次能源回收利用的激励政策；研究烧结烟气脱硫激励政策，鼓励企业积极开展脱硫工作；把钢铁工业节能减排作为技术改造的重点，积极争取国家政策支持。同时，省内各级财政技术改造资金、节能减排资金要优先支持符合国家产业政策的钢铁企业加强节能减排技术改造；加强对节能服务公司的资金和政策扶持，引导金融信贷机构加强信贷支持。

(三)鼓励技术创新

开展钢铁行业污染治理、清洁生产、循环发展模式等研究，加强技术创新，开展烧结机脱硫脱硝等重难点技术攻关。积极开展技术示范和成果推广，引导先进、成熟节能减排技术应用，制定《河北省鼓励应用的节能减排技术目录》。

(四)强化监督管理

严格执行国家能耗限额标准，组织节能监察机构加强对钢铁企业能耗标准执行情况的监督检查。开展对各钢铁企业能源计量器具配备、能源计量数据及使用、特种设备等专项检查。实施钢铁企业污染排放在线监控，及时掌握钢铁企业能源利用和污染物排放情况。对发现的问题提出整改措施，依法处罚并适时向媒体公布。

开展钢铁企业能源审计工作。对于达不到国家能耗限额标准的钢铁企业，进行强制性第三方审计。

（五）开展目标考核

对与政府有关部门签订节能责任书的钢铁企业，建立和实施节能目标责任评价考核制度，积极开展节能目标责任评价考核。对没有完成节能目标的钢铁企业要实行问责，及时组织整改。建立适合我省实际的《河北省钢铁工业清洁生产评价指标体系》，对积极开展清洁生产审核、指标达到《河北省钢铁工业清洁生产评价指标体系》要求等级的钢铁企业，由省工业和信息化厅分别授予“清洁生产先进企业”或“清洁生产企业”称号，予以表彰和奖励。

（六）加强组织协调

各市、县工业和信息化主管部门和有关企业要加强钢铁行业节能减排工作的组织领导，结合本地区、本企业实际，按照本实施意见要求，抓紧落实，切实抓好淘汰落后产能、项目能评、重点技术推广、技术改造等工作，及时研究解决钢铁企业节能减排工作中遇到的新问题，确保钢铁行业节能减排取得实效。

省冶金行业协会要加强对钢铁企业节能减排工作的指导和服务。

附录三

河北省人民政府关于加快推进工业企业技术改造工作的实施意见

冀政〔2011〕27号

各设区市人民政府，各县(市、区)人民政府，省政府各部门：

为深入贯彻省委七届六次全会精神，落实“十二五”规划纲要的主要任务，引导和鼓励企业对标行业高端，加大技术改造力度，转变经济发展方式，实现我省工业转型升级，制定本实施意见。

一、指导思想、基本原则和总体目标

(一)指导思想

以科学发展为主题，以转变经济发展方式为主线，以企业为主体、市场为导向、质量效益为中心，坚持科技引领和创新驱动，深入开展对标行动，切实提高管理水平，围绕推进产品深加工、延伸与完善产业链条、培育龙头企业、壮大主导产业、发展配套产业、推进节能减排等，强化政策措施，完善体制机制，加大技术改造投入，增强重点产业、重点企业、重点产品的竞争力，推动工业转型升级。

（二）基本原则

坚持政府引导、市场导向与企业主导相结合。突出政府引导，科学规划，通过投资、减免税、财政资金扶持等政策手段，引领产业投资方向，引导社会要素投向技术改造。瞄准市场前沿，立足市场需求，适应市场变化，提高技术改造的针对性和有效性。强化企业主体地位，激发企业技术改造的积极性。

坚持自主创新与引进消化吸收再创新相结合。加大科技投入，壮大科研力量，充分发挥科技的支撑作用，建立以产学研用相结合的自主创新体系，开发高端、高附加值、高科技含量、高效益产品，带动产品结构优化升级。支持企业积极突破关键技术、共性技术，改造提升行业工艺技术水平，培育新的竞争优势。加强对先进技术和设备的引进，特别要强化消化吸收再创新和集成创新。

坚持技术改造与对标行动相结合。鼓励企业对标行业高端和强势企业，找准薄弱环节和发展短板，制定技术路线图，大力实施技术改造，缩小与国内外同行业先进水平的差距，逐步实现达标、超标、制标，使企业更多的产品、技术、管理成为行业"第一"或"唯一"。

坚持突出重点与全面推进相结合。依托重点产业、重点企业、重点产品、重点工艺装备，实施技术改造，着力延伸与完善产业链条，推进产品深加工。鼓励和支持不同所有制、不同类型、不同行业企业加强技术改造。鼓励企业实施系统性技术改造，围绕其主导产品与关键配套件、关键主导设备与辅助设施及其管理，进行系统升级改造，提高综合效益。

坚持扩大技术改造投资与结构调整并重。扩大技术改造投资规模，通过增量带动存量优化。鼓励企业通过改建、扩建和搬迁改造等方式向沿海地区、开发区、园区、聚集区转移，支持高新技术企业向环首都绿色经济圈转移；鼓励企业通过兼并重组进行技术改造，实施退城进郊；鼓励企业通过技术改造，淘汰落后工艺技术和装备；鼓励企业围绕优质产品、名牌产品、高附加值产品实施技术改造，实现提质扩能。

坚持改造提升传统产业与发展高新技术产业并重。利用高新技术和先进适用技术改造传统产业，实现传统产业高新技术化，促其由重转优、由粗转精、由低转高、由大转强、上档升级。加快高新技术成果转化，支持电子信息、生物医药、新材料等高新技术产业做大做强，加快培育形成一批掌握核心关键技术、拥有自主知识产权的高新技术企业，实现高新技术产业化、高新技术产业规模化，促其由小转大、由弱转强，实现跨越式发展。

（三）总体目标

“十二五”期间，全省工业完成技术改造投资 2.7 万亿元以上，年均增长 30% 以上，占全省工业固定资产投资的比重由 40% 提高到 60% 以上。每年滚动实施省重点技术改造项目 1000 项以上（即千项技术改造工程），实现“四提高一优化”。

提高技术创新能力。大中型工业企业技术研发投入占主营业务收入比重由0.55%提高到1%以上，重点企业达到3%，拥有科技机构的比重由19.4%提高到25%以上。国家级、省级企业技术中心分别由27家、223家增加到40家、400家以上。重要领域和重点行业的关键技术和共性技术的开发和推广应用取得较大突破。

提高技术装备水平。重点企业技术装备普遍得到改造，居当时国内先进水平的比重达到70%以上，其中国际先进水平的比重达到30%以上。

提高技术进步贡献率。全省工业企业技术改造对工业经济增长的贡献率由45%提高50%以上。中国名牌产品由49项增加到100项，中国驰名商标由94项增加到150项。工业增加值率由25.9%增加到29%。

提高节能减排水平。落后生产能力逐步淘汰。单位工业增加值能耗比“十一五”末降低16%，工业二氧化碳排放强度降低16%以上，单位工业增加值用水量降低25%，工业化学需氧量、氨氮排放量均削减10%以上，二氧化硫、氮氧化合物排放量均削减15%以上，工业固体废弃物综合利用率达到75%以上。

优化产业结构。传统产业的技术层次和产品附加值明显提升，产业链条进一步完善，产业集中度进一步提高，高新技术产业增加值占同期规模以上工业增加值比重由10%提高到20%，装备制造业占比由17.2%提高到25%左右。超百亿元工业企业主营业务收入占规模以上工业的比重由 26.5% 提高到 38% 以上。

二、工业企业技术改造重点

建立重点产业、重点企业、重点产品、重点技术对标指标体系，改造提升传统产业，发展壮大高新技术产业，培育一批龙头企业，开发一批高端新产品，突破一批关键技术、共性技术，延伸与完善 32 个产业链。

钢铁。推动设备大型化、高技术化。支持钢材深加工，增加优质关键钢品种。支持优质板材、优质建筑材和钢结构用材系列化配套改造。推行可循环工艺和新型节能降耗技术，开展清洁生产，发展循环经济。延伸优特钢产业链，建立钒钛制品产业链。

装备制造。支持能源装备、轨道交通、汽车及船舶、工程机械等大型整机装备提质增效改造。提升关键配套件工艺技术水平及配套能力。重点扶持光伏发电、风电、汽车、船舶、高速动车组等整机与关键配套件发展，引导零部件企业向整机基地和园区搬迁改造。建立完善轨道交通、高速动车、汽车、船舶、风电、工程机械、专用设备、输变电成套设备等产业链。

石化。提高技术装备水平，发展高端石化产品，形成上、下游一体化的产业链条。扩大原油综合加工能力，推进产品深加工。鼓励石化企业向沿海地区、园区搬迁改造。推广资源综合利用和废弃物资源化技术，推行清洁生产，发展循环经济。延伸与完善石油化工、煤化工、盐化工、精细化工等产业链。

轻工。改造制浆造纸、塑料、金属制品等生产线，淘汰落后工艺和设备。采用清洁生产技术和循环工艺改造现有造纸、皮革、塑料、电池、日用玻璃、日用陶瓷等生产线，提高节能减排水平。提高家具设计水平。增加新型塑料、高档金属制品、高档日用陶瓷等新品种。延伸皮革产业链。

纺织。改造落后纺纱织造工艺设备，发展优质高档精梳纱、无接头纱和无梭布，发展新型纤维、新型面料。提高服装设计及产品质量水平。推进产业用纺织品扩能升级，增加品种。推进印染行业向园区聚集，提升高档纺织品、新型环保纤维面料染整加工水平。推进印染、化纤行业清洁生产和资源综合利用。完善高档纺织品、服装、家纺、产业用纺织品等产业链。

食品。扶持发展营养、安全、方便、功能化和多样化的产品，支持优势产品提质扩能。提升粮油加工、肉食加工、方便食品、饮料、乳制品等优势行业产品质量检测能力。加快应用新型清洁生产和综合利用技术，发展循环经济。延伸食品加工产业链。

建材。支持采用节能、环保技术装备改造升级水泥生产线，淘汰落后窑炉生产工艺，推广以纯低温余热发电为主体的建材工业窑炉余热利用技术。支持发展加工制品业，提高产品深加工程度，重点发展建筑构件、工程预制件等产品。鼓励玻璃深加工和优质高档浮法玻璃线升级改造、节能降耗，支持发展特种玻璃、电子信息玻璃、太阳能光伏玻璃等。延伸玻璃深加工产业链。

电子信息。支持太阳能光伏、信息通信、平板显示、半导体照明、新型电子元器件等行业提升创新能力、扩大产品规模、提高产品质量和技术水平。延伸与完善光伏、信息通信、平板显示、半导体照明、软件与信息服务等产业链。

医药。支持中药现代化、生物医药规模化、医疗器械国产化、药品生产质量保证体系化。改造升级现代中药产品，推进生物医药规模化生产，增加化学药制剂品种，实施药品生产质量管理规范化升级改造。支持高端医疗器械关键技术、核心配件和材料国产化、规模化。支持医药物流业提升能力。建立完善生物制药、中成药、化学制药、医疗器械等产业链。

新材料。大力发展面向装备制造的复合、纳米、智能等材料和高性能结构材料、新型功能材料，不断扩大规模，提升技术水平。积极研发新型非金属材料的新技术、新产品，加快新材料科技成果转化步伐。延伸新材料产业链。

节能环保。加快高效节能节水技术和装备、先进环保技术和装备产业发展，不断提高技术水平、扩大生产规模。积极推进大宗工业固体废弃物综合利用，二次能源回收利用。推进再制造工艺、技术装备和循环经济技术发展。建立完善节能环保产业链。

三、加快推进技改项目

重点实施七大技术改造专项和千项技术改造工程，深化和拓展对标行动，通过项目带动，实现产业结构优化升级。

（一）创新能力提高专项。支持国家级、省级企业技术中心建设，促进创新成果产业化。支持企业针对关键技术和共性技术的联合研发和产业化。支持企业开展重大技术装备首台（套）攻关与产业化。鼓励企业引进国外先进技术设备，强化消化吸收再创新和集成创新，提高工艺技术装备水平。每年实施100项创新能力提高技术改造项目。

（二）“两化”深度融合专项。围绕重点行业、重点领域，在企业研发设计、生产过程、企业管理、电子商务和物流信息化、信息化综合集成等方面开展“两化”深度融合，构建网络化、协同化工业研发设计体系，推动生产装备数字化和生产过程智能化，企业管理网络化。支持信息化服务平台建设。培育一批国家级“两化”融合促进中心。每年实施100项以上信息技术改造传统产业项目。

（三）重点企业壮大专项。围绕重点行业，支持一批主业突出、技术先进、核心竞争力强的大公司、大集团实施技术改造，支持其主导产品做大做强，使之成为国内、国际技术、管理、效益、规模一流的大型企业集团。支持与主导产品配套的关键件提升工艺技术水平。培育主营业务收入100亿～500亿元、500亿～1000亿元、1000亿元以上龙头企业分别达到30家、15家、10家以上。每年实施150项以上重点企业主导产品及关键配套件升级改造项目。

（四）产业聚集升级专项。鼓励工业聚集区、开发区、工业园区主动承接产业、资金、技术转移，重点发展主导产业，带动上下游产业，促进产业链条延伸与完善，形成产业集群。加快企业“退城进郊”步伐。鼓励企业实施异地搬迁改造、兼并重组淘汰落后产能、扩大产业规模、提升发展水平，提高产业集中度。每年实施100项产业聚集升级技术改造项目。

(五)产品结构优化专项。围绕钢铁、装备制造、石化、食品、电子信息、生物医药等行业，改进工艺、增加品种、提升质量、提高附加值和效益，培育一批名牌产品、优质产品、高附加值产品，促其提质扩能。每年实施300项以上产品结构优化升级技术改造项目。

(六)节能减排增效专项。在钢铁、石化、建材等行业，组织开展节能、节水、环保技术改造，推广节能新工艺、新技术、新材料、新装备、新产品，支持大宗工业固体废弃物综合利用和二次资源回收利用。推广清洁生产技术，支持资源节约型、环境友好型企业建设，发展循环经济。每年实施100项节能减排技术改造项目、100项淘汰落后技术改造项目。

(七)安全生产提升专项。完善石化、钢铁等行业高危作业现场监测监控报警、自动化控制及安全连锁保护装置等安全技术措施，消除重大事故隐患，改善安全环境和管理手段，提升本质安全水平。积极推动食品质量安全检测能力建设，推动企业产品检测装备自主化，保障食品质量安全。每年实施50项安全生产技术改造项目和食品企业产品质量检测技术改造项目。

四、进一步强化保障措施

(一)加强组织领导。省政府成立省长任组长，常务副省长、分管副省长任副组长，省直有关部门主要负责同志为成员的省工业企业技术改造工作领导小组，统筹协调推进全省技术改造工作。领导小组办公室设在省工业和信息化厅。各设区市、县(市、区)政府也要建立相应机构，加强对技术改造工作的领导。

(二)建立管理体系。省工业和信息化厅研究制订《河北省重点技术改造项目管理办法》，每年发布《重点产业技术改造投资导向目录》，明确当年技术改造投资重点，加强项目管理工作。各级各有关部门要严格执行国家产业政策、投资政策和行业准入条件，严格技术改造项目核准备案管理，严格项目节能评估审查。简化工业技术改造项目备案核准手续，除须由国家或省审批外，权限一律下放到市、县。省统计局要建立工业企业技术改造统计指标体系，完善省、市、县技术改造统计监测制度，强化投资动态监测分析和预测预警。

(三)加大财政支持。积极争取国家技术改造专项资金支持。设立省、市两级工业企业技术改造贴息资金。省级财政 2011 年安排 10 亿元技术改造专项资金，其中省级预算安排 5 亿元，根据财政收入增长情况逐年适度增加，主要用于对重点技术改造项目的贷款贴息；激励性省级财政返还各设区市、县(市)省级工业聚集区的资金中 30% 用于支持本地企业技术改造，额度为 5 亿元。省、市技术改造专项资金向对标示范企业倾斜，对不开展对标行动的企业不予支持。省财政厅、省工业和信息化厅研究制订《河北省工业企业技术改造专项资金管理办法》、《河北省重点技术改造项目竣工验收管理办法》，加强监督检查和绩效考核，提高资金使用效益。各设区市政府单独设立一定规模的技术改造专项资金，有条件的县(市、区)可视财力情况安排专项资金，支持本行政区域技术改造工作。

（四）落实税收政策。落实国家财税政策，企业技术改造新购置设备的进项税从销项税额中抵扣，加速企业固定资产折旧。企业使用列入国家财税〔2008〕48号文件目录的节能减排和安全生产等专用设备，按专用设备投资额的10%抵免企业所得税。按照国家鼓励发展的国内投资项目进口自用设备及按照合同规定随设备进口的技术及配套件、备件，除《国内投资项目不予免税的进口商品目录(2008年调整)》所列商品外，免征关税。经认定的高新技术企业减按15%的税率征收企业所得税，企业研究开发费用按150%加计扣除企业所得税。

（五）拓宽融资渠道。鼓励企业通过企业债券、短期融资债券、中期票据、上市、风险投资、信托等方式融资。鼓励不同所有制企业之间通过合资合作、重组、互相持股、技术入股等方式，多元化筹措技术改造资金。鼓励和引导民间资本以参股、获取红利等方式参与企业技术改造，鼓励以第三方技术改造服务的方式参与节能减排、节水降耗、环境保护、资源综合利用等技术改造项目建设。积极利用外资进行技术改造。搭建银企信息沟通平台，举办银企对接洽谈会，积极争取金融贷款支持。

（六）保障建设用地。省国土资源厅及各级政府对技术改造项目实施土地倾斜政策，优先保证纳入国家和省重点技术改造项目建设用地。在确定土地使用权出让底价时，可按不低于所在地土地等别相对应《全国工业用地出让最低价标准》的标准执行。对符合规划、不改变土地用途，利用自有土地进行技术改造、提高土地利用率和增加容积率的，不再增收土地价款。采用厂房加层、翻建等多种措施盘活存量工业用地实施技术改造项目的，地方政府要给予一定的优惠政策。

（七）开辟环评绿色通道。各级环境保护部门要建立和完善环境影响评价、技术评估、行政审批责任制，开辟技术改造项目环评审批“绿色通道”，简化审批程序，加快审批速度，确保在承诺时限内完成审批。对需经国家审批、核准的项目，省有关部门要加强与国家有关部委的沟通汇报，跟踪落实，争取项目尽快开工建设。

（八）健全决策机制。成立省工业企业技术改造专家咨询委员会，为科学决策、项目实施提供咨询服务。充分发挥行业协会、中介评估咨询机构的作用，为企业实施技术改造提供技术、管理、信息等服务。加强对使用技术改造专项资金项目的咨询论证、评估、绩效评价，确保资金使用科学合理。

（九）营造浓厚氛围。各级政府及省有关部门要积极支持企业技术改造。充分发挥各类新闻媒体的作用，大力宣传加强技术改造的重要意义和支持企业技术改造的政策措施及技术改造的先进典型、开发成效，营造全社会重视、关心、支持、参与技术改造的浓厚氛围。引导不同所有制、不同类型、不同行业企业加强技术改造，提升核心竞争力。

（十）实行目标考核。省政府对各设区市技术改造工作进行重点专项评估；每年组织一次考核，第三年进行汇总评比。将评估考核结果纳入干部绩效考核，对做出突出贡献的单位和个人进行表彰奖励。制订《河北省工业企业技术改造工作考核管理办法》，建立目标考核体系，作为评估考核依据。各设区市也要建立健全评估考核机制。

二〇一一年二月二十七日